AF470025

DE

LA PEINE DE MORT,

IMPRIMERIE DE H. FOURNIER,
RUE DE SEINE, N° 14.

DE
LA PEINE DE MORT,

PAR

ADOLPHE GARNIER,

PROFESSEUR-AGRÉGÉ DE PHILOSOPHIE
AU COLLÈGE ROYAL DE VERSAILLES,
PRÉCÉDEMMENT AVOCAT A LA COUR ROYALE DE PARIS.

MÉMOIRE QUI A OBTENU LA MÉDAILLE D'ARGENT
DÉCERNÉE PAR LA SOCIÉTÉ DE LA MORALE CHRÉTIENNE
DANS SA SÉANCE DU 27 AVRIL 1827.

Melioribus utere fatis.

SECONDE ÉDITION.

—————⸺◦⸺—————

PARIS,

A. SAUTELET ET C°, LIBRAIRES,
RUE DE RICHELIEU, N° 14 ;
A. MESNIER, PLACE DE LA BOURSE.

1829.

LA PEINE DE MORT.

CHAPITRE PREMIER.

BASE DE LA SOCIÉTÉ.

DANS l'opinion de certains physiologistes, l'homme est un animal social au même titre que l'abeille et la fourmi ; et, si l'on veut connaître la loi qui le fait vivre en société avec ses semblables, on ne doit la chercher que dans son organisation physique. Il est cependant d'importantes différences entre la société des hommes et les sociétés d'animaux.

Et d'abord, lorsqu'une fourmi s'est emparée d'une proie trop pesante, ses compagnes accourent, non pour la lui ravir, mais pour l'aider à rentrer dans le magasin ce précieux fardeau. Aucune ne détourne à son bénéfice propre la moindre partie d'un bien qui appartient à l'état ; aucune n'a d'existence à part. La petite monarchie des abeilles accomplit aussi son œuvre d'un mouvement unanime : aucun membre ne s'isole, aucun ne résiste, aucun ne s'oppose ; on ne vit là que pour un but commun.

Chez nous, au contraire, au milieu des travaux d'ensemble qu'exécute notre société, nous avons, la nuit, dans nos bois et sur nos routes, des hommes qui, les armes à la main, font contre l'association commune de terribles protestations. Il ne faut pas croire cependant que notre vie sociale ait pour cela moins de valeur que celle des animaux. Cette exception à notre concorde est justement ce qui en relève le mérite ; car de là résulte la preuve que la société des hommes est volontaire et libre. En effet, bien que nous soyons portés par la nature à la vie de société, nous n'y sommes pas contraints, et ceux qui restent fidèles à l'esprit de la communauté sentent qu'ils y sont décidés par leur choix, et que rien dans leur organisation intellectuelle ou physique ne pourrait les empêcher de se ranger parmi les rebelles. Dans l'association animale, les individus disparaissent ; les êtres ne s'appartiennent plus : tout se confond en un mouvement commun ; nul ne pouvant y résister, nul n'a de mérite à s'y soumettre. Dans la société humaine, au contraire, l'individu n'est pas absorbé ; il peut se séparer, ou consentir à se confondre ; il s'associe librement.

Admettons d'abord que notre société soit uniquement le fruit de l'intérêt et du calcul : elle aura déjà une grande supériorité intellectuelle sur celles qu'on veut lui comparer, puisqu'elle sera construite à dessein par ses membres, tandis que les réunions d'animaux sont involontaires et aveugles.

La société humaine étant libre, examinons maintenant par quel lien elle est maintenue. S'appuie-t-elle sur un pur intérêt, ou repose-t-elle aussi sur un devoir? Notre soumission à l'ordre social est-elle méritoire, ou simplement intéressée? Pouvons-nous l'imposer comme une obligation, ou seulement la conseiller comme un profit?

On connaît assez les deux opinions qui divisent ici le monde philosophique, et dont l'une a été nommée *doctrine de l'intérêt*, et l'autre *doctrine du devoir*.

La première dit à l'homme : « Tu n'es guidé que « par l'amour de toi-même : soumets ton intérêt privé « à l'intérêt commun, parce que dans le bien géné- « ral le tien se trouve compris, et que d'ailleurs tu « ne peux jamais lutter avec avantage contre le reste « des humains. »

La seconde parle en ces termes : « Outre l'amour « de toi-même, tu as pour guide encore l'amour de « la justice : soumets ton intérêt privé à l'intérêt « commun, parce que ta conscience t'ordonne de ne « pas sacrifier les autres à toi seul, quand même tu « pourrais, comme l'ont pu quelques hommes, lutter « avec avantage contre le reste des humains. »

Ainsi l'un de ces deux systèmes donne aux citoyens, comme seule règle, l'intérêt particulier, et déclare que c'est pour le servir qu'il faut se soumettre à l'intérêt social.

L'autre élève l'intérêt social comme loi première, et lui subordonne l'intérêt particulier.

Or, la première doctrine est-elle fondée lorsqu'elle

fait de l'obéissance à l'intérêt du plus grand nombre
une branche ou un appendice de notre intérêt personnel? N'est-il pas évident que l'intérêt social empêche l'intérêt privé de s'étendre au-delà de certaines
limites, et qu'ainsi ces deux intérêts sont en lutte?
Et en effet, si je m'empare du blé ou de l'or entassé
dans ce magasin, je saisis une proie beaucoup plus
riche que si je laisse ces biens suivre leur cours dans
la communauté; car alors je n'en recueillerai plus
qu'une bien faible partie, ou aucune partie peut-
être. En respectant ces trésors, je quitte *mille* que je
tiens pour *un* que je puis ne jamais tenir. Il y a donc
sacrifice, ou du moins privation, dans l'obéissance
à l'ordre social. Cet ordre, n'étant que l'intérêt commun préféré à l'intérêt particulier, ne peut avoir ce
dernier pour base.

On répondra peut-être que le sacrifice fait à l'ordre social est encore le résultat d'un calcul, et qu'on
n'obéit que pour éviter la peine prononcée par la
majorité.

Mais comment s'est-elle formée cette majorité qui
a prononcé la peine? Il faut qu'elle se soit composée
de membres consentant dans tous les cas à ne prendre
qu'*un* au lieu de *mille*. Et si nous n'avons pas en
nous une voix secrète qui nous ordonne de ne pas
sacrifier l'intérêt de tous à notre seul intérêt, on ne
peut comprendre comment ceux qui accomplissent
cette loi se trouvent en majorité; on ne peut comprendre comment les plus forts ne saisissent pas tout
ce qu'ils peuvent atteindre, comme on les voit faire

dans un pillage de ville, et partout où il est permis
de n'agir que pour soi. D'après la doctrine de l'intérêt, une armée réunie, et parlant de devoir et de
discipline au lieu de procéder sur l'heure, en vertu
de sa force, à l'asservissement de la société, est un
miracle inexplicable. Et cependant ce miracle se passe
tous les jours sous nos yeux.

Il faut donc chercher un autre motif que le pur
égoïsme dans notre participation à la société humaine, c'est-à-dire dans notre obéissance à l'ordre
de cette société. Cet autre motif qui, plaçant pour
nous l'intérêt général au-dessus de l'intérêt individuel, constitue l'ensemble de nos devoirs, est ce
qu'on a nommé *sens moral*, *penchans sociaux*,
faculté morale, *sens du devoir*, *notion du juste et
de l'injuste*, *raison*, ou enfin *conscience*. Nous ne
pouvons examiner ici quel titre convient le mieux
à ce motif d'action ; mais qu'il soit un mouvement
organique et matériel ou une conception de notre
intelligence, comme on le pensera si l'on considère
qu'il ne tombe point sous le scalpel, et se découvre
dans l'examen de l'entendement, on ne peut nier
qu'il n'existe. En effet, chez le plus grand nombre
des hommes il triomphe des penchans individuels
ou de l'égoïsme, puisqu'il a formé une immense majorité sociale, c'est-à-dire une majorité dont chaque
membre s'impose le devoir de borner ou de sacrifier
son intérêt dans certains cas, et par là même recon-
naît un droit à la société. Cette conception qui nous
commande de ne pas empiéter sur l'intérêt social,

cette conception dont l'existence est prouvée par l'existence de la société, a donc été à tort méconnue en France par Helvétius, et plus récemment en Angleterre par Bentham. Ce dernier philosophe, pour ne l'avoir pas aperçue et pour avoir cru que l'égoïsme était le seul mobile de l'homme, est descendu, dans ses traités de législation, à une foule de minuties sans lesquelles le monde a su marcher jusqu'à présent. S'il n'y avait en nous que de l'amour personnel, les petites précautions que Bentham recommande n'arrêteraient pas plus le combat des intérêts privés, que les milliers de fils d'une toile d'araignée n'empêcheraient une lutte entre des lions. Ce qui a fait croire que rien ici-bas ne se faisait et ne se pouvait faire que par intérêt, c'est que le devoir lui-même, en dernier résultat, conduit à l'intérêt *général*. Il n'en pouvait être autrement ; car si le devoir eût été opposé au salut commun, le monde aurait péri par l'accomplissement même du devoir. Mais on n'en a pas moins eu tort de confondre l'intérêt général avec l'intérêt individuel, puisque le premier ne se forme qu'en gênant et en diminuant le second, et que souvent même il en demande l'entier sacrifice. La suprématie de l'intérêt général n'est donc pas une inspiration de l'égoïsme : c'est un ordre de la conscience. Mais, de même que nous cédons librement, comme nous l'avons montré, au penchant qui nous porte vers la vie de société, c'est aussi avec une liberté entière que nous obéissons à cette voix de la conscience qui commande le respect de l'intérêt social. Nous avons le pouvoir d'y résister, comme le prouvent l'expérience et le témoignage du sens intime; et c'est là ce qui établit la moralité de l'obéissance.

La base de la société est donc 1° un penchant naturel à la vie sociale ; 2° une notion de justice qui nous défend d'empiéter les uns sur les autres, et nous ordonne de mettre l'intérêt général au-dessus de notre intérêt privé. Mais ces deux mobiles nous sollicitent sans nous contraindre ; c'est toujours notre volonté qui se détermine, et à laquelle appartient le mérite d'accomplir la justice, comme le démérite de la violer.

Ainsi, en résumé, les sociétés d'animaux, dont nous n'avons parlé que pour mieux faire comprendre la nôtre, nous apparaissent comme forcées, s'ignorant elles-mêmes, et par conséquent sans aucune valeur intellectuelle et morale. La société des hommes est libre, ayant conscience de soi, et par conséquent animée d'intelligence et de moralité.

CHAPITRE II.

BASE DE LA PÉNALITÉ.

La loi sociale est de ne pas violer l'intérêt général au profit de l'intérêt individuel. Cette loi a été reconnue par les deux systèmes dont nous avons parlé, quoique chacun d'eux lui assigne une origine différente. L'un et l'autre lui donnent la pénalité pour sanction extérieure, ou, en d'autres termes, proclament la nécessité de punir celui qui viole la loi ; mais ici encore ils s'appuient sur des motifs différens.

Dans la doctrine de l'intérêt, des hommes animés par le seul amour personnel, et qui cependant aiment mieux partager entre eux que de prendre chacun selon leur force, se sont réunis en majorité. Une fois admis ce premier fait contradictoire et inexplicable, le reste se comprend facilement. Cette majorité a la force en main, puisqu'elle a le nombre pour elle, et elle frappe quiconque ne se soumet pas à ses lois. Vous blessez un taureau : il se retourne et cherche à vous blesser ou à vous tuer. Rien n'est plus facile à concevoir, ni plus difficile à empêcher. Il n'y a là ni droit, ni justice, mais un fait matériel et irrésistible. Le coupable est un homme qui joue contre la société : s'il subit la peine, c'est qu'il a mal joué, et il ne doit éprouver d'autre sentiment que le dépit d'avoir perdu la partie.

Ne découvre-t-on pas encore ici l'inexactitude de la doctrine de l'intérêt? Est-il vrai qu'au moment où le coupable se trouve atteint, la société croie seulement avoir bien fait son jeu? Non certes; elle n'éprouve pas alors la joie maligne d'un joueur habile ; elle a conscience d'accomplir, en punissant, un acte plus saint qu'un tour d'adresse, et le condamné n'est pas regardé comme un simple maladroit. Il y a une grande différence entre notre mauvaise humeur contre ceux qui nuisent sans le vouloir, et notre indignation contre ceux qui nuisent à dessein. Si la société ne faisait que punir le mal qu'on lui fait, elle aurait le même châtiment pour l'homme qui tue par imprudence et l'homme qui assassine par intérêt. Et pourtant cette société, qu'on suppose toute matérielle, et uniquement sensible aux atteintes physiques, entre dans le for intérieur des consciences; elle se mêle des intentions ; elle punit le mauvais vouloir, quoiqu'il n'ait produit aucun mal, et excuse le mal quand il n'est pas accompagné d'une mauvaise volonté. Bien plus, le coupable lui-même, au moment où la justice le châtie, sent que la peine est autre chose qu'une revanche; il ne peut entièrement étouffer en lui une voix qui murmure que son châtiment est légitime; et, au fond, il approuve la main qui s'appesantit sur sa tête.

La doctrine de l'intérêt ne rend point compte de tous ces faits incontestables. Celle du devoir les explique seule, et en démontre même la nécessité. Voici, selon moi, ce qu'elle découvre dans l'examen de l'intelligence humaine : L'homme placé en face de l'intérêt général conçoit, par une loi irrésistible de son entendement, qu'il est bien de se soumettre à cet intérêt, et que personne ne doit l'immoler au sien propre. Mais s'il est juste que nous respections l'ordre social, il est juste que nous le fassions respecter, et que nous le défendions contre les attaques de l'égoïsme. Les devoirs de l'individu envers la société fondent les droits de la société sur l'individu. Ici la défense sociale n'est plus le fait du plus fort, comme dans la doctrine de l'intérêt : c'est un droit légitime proclamé par la raison ; et ainsi compris, le salut commun n'est plus seulement utile, il est juste.

Ce n'est pas tout : en concevant qu'il est bien de se soumettre à l'intérêt général, l'homme conçoit aussi, par une loi nécessaire de son intelligence, que violer l'intérêt de tous pour le nôtre c'est mal faire et mériter que malheur nous arrive. Les deux idées de *mal moral* et de *châtiment mérité* s'appellent l'une l'autre et sont inséparables dans notre intelligence, comme les idées de cause et d'effet, de matière et d'espace.

« La première loi de l'ordre (dit M. Cousin dans
« son bel argument du *Gorgias* de Platon) est d'être
« fidèle à cette partie de la vertu qui se rapporte à la
« société, savoir, la *justice*. Mais si l'on y manque,
« la seconde loi de l'ordre est d'expier sa faute, et on
« ne l'expie que par la punition. »

Ainsi, à la vue d'un méfait, il s'élève dans notre intelligence un jugement qui déclare l'acte coupable et digne d'un châtiment, c'est-à-dire d'un mal retombant sur le malfaiteur. Et, parallèlement à cet acte de la raison, il naît en nous un sentiment vif et poignant qu'on nomme *indignation*, et qui appelle aussi la peine sur le coupable, mais d'une voix plus haute et plus impatiente. Ce jugement et ce sentiment forment ce qu'on désigne sous le nom de *conscience publique*. Infligez le châtiment mérité, la conscience publique est satisfaite ; refusez de punir, le genre humain dont vous repoussez la voix ne comprend plus rien à ce monde.

« Dans l'intelligence, dit encore M. Cousin, à
« l'idée d'injustice correspond celle de peine, et quand
« l'injustice a eu lieu dans la sphère sociale, la punition
« méritée *doit* être infligée par la société. La société
« ne le peut que parce qu'elle le doit. »

En conséquence, d'après cette dernière doctrine, qui me paraît être l'analyse exacte d'un principe de l'intelligence humaine, la pénalité repose sur deux bases, un droit et un devoir : 1° défendre la société par un châtiment qui soit redoutable au plus grand nombre ; 2° accomplir le principe de mérite et de démérite, qui veut que bien soit fait au bon, et mal au méchant.

Dans le système de l'intérêt, on niait ce témoignage de la conscience qui réclame le châtiment du coupable, non pas seulement parce qu'il a nui, mais parce qu'il a démérité. La défense de la société devenaît le simple fait de la force, et fondait à lui seul la pénalité tout entière ; la peine n'avait plus de côté moral : c'était un acte purement physique, et dont on pouvait s'abstenir si l'on voulait.

Dans la doctrine du devoir, la défense de la société reprend son caractère de droit légitime, mais ne joue pas le rôle principal de la pénalité. La première place appartient au principe de juste répartition ou de mérite et de démérite, lequel demande qu'il soit fait à chacun selon ses œuvres, et le châtiment devient une conception de la raison, une nécessité morale dont il n'est pas permis de s'affranchir.

L'origine et la nature du droit de punir ainsi reconnues, abordons sur ce terrain la question spéciale de la peine de mort.

CHAPITRE III.

———

Tout ce qu'il y a, selon moi, d'immuable et d'universel dans la pénalité, ce sont les deux principes rationnels dont j'ai parlé, et qui veulent, l'un, que le mal soit puni, pour satisfaire à la conscience publique, l'autre, que la société soit défendue contre les mouvemens de l'égoïsme. Dans tous les temps et dans tous les lieux, ces principes seront également vrais, également obligatoires, parce qu'ils font partie de la raison, qui ne change pas. Mais la peine ou le degré de mal physique qu'on infligera au méchant, pour accomplir ces deux principes, se trouvera nécessairement soumis à toutes les variations du monde physique, et ne pourra partager, comme le veulent quelques écrivains, l'honneur d'une fixité éternelle. Cette peine ne devra pas contenir plus de mal qu'il n'en faut pour remplir la double obligation qui lui est imposée; mais elle contiendra légitimement tout le mal nécessaire pour châtier et protéger, et aussi bien la mort que tous les autres maux, si ce mal est reconnu indispensable : car nul ne doute que la mort ne devienne un droit en cas de légitime défense. Cela posé, examinons les faits.

Beccaria se trompe évidemment quand il avance que jamais les lois n'ont été l'ouvrage d'un sage observateur de la nature humaine, qui ait dirigé les actions de la multitude vers le bien-être du plus grand nombre. Il n'a oublié que Lycurgue, Solon et beaucoup d'autres. Si l'on étudie avec soin les circonstances au milieu desquelles ont vécu ces grands hommes, on reconnaîtra que, leur pays étant contraint à des guerres continuelles, ils lui ont donné les meilleures institutions qu'il fût alors possible de concevoir. Leur seule faute, comme celle de leurs imitateurs, fut de croire ces lois applicables à tous les temps. Ils n'ont pas songé que d'autres circonstances pouvaient amener d'autres combinaisons sociales. N'ayons pas trop d'orgueil, et ne regardons pas la raison comme le partage exclusif de nos temps ; mais, respectant les grands noms que nous oppose l'antiquité, cherchons à nous expliquer comment, chez les Grecs, les deux illustres philosophes que j'ai nommés, et après eux, chez les Romains, Numa, les législateurs des douze Tables et les préteurs, enfin, dans les temps modernes, Charlemagne, saint Louis, Louis XIV, ont établi ou laissé subsister dans leurs codes non-seulement la peine de mort, mais encore des supplices qui l'aggravaient.

Jetons les yeux sur la Grèce et sur Rome, ces deux nations qui marchent à la tête de la civilisation antique. Dépouillons-les des masques de théâtre dont on a caché leurs traits ; écartons quelques héros placés au premier plan et dont les brillantes figures nous dérobent le fond obscur de la scène : que voyons-nous ? Dans la nuit de ces temps nommés héroïques, des peuplades errantes couvrent le territoire de la Grèce. Elles se jettent les unes sur les autres. La vie de tous les jours, c'est la guerre, la misère, et la faim plus meurtrière encore que les combats. Une de ces populations s'arrête dans un coin de l'Attique, puis une autre dans le Péloponèse ; elles se groupent autour d'un point qu'on signalera plus tard sous le nom d'Athènes ou de Sparte, et où s'illustreront une poignée de grands hommes. Mais, pendant une longue suite de siècles, les citoyens ne peuvent quitter les armes ; ils sont à chaque instant victimes soit des peuplades encore vagabondes ou mal assises, soit des pirates qui viennent faire du butin, et qui massacrent les habitans ou les emmènent en esclavage. Des cadavres sont partout semés dans la campagne. Les hommes qui échappent au carnage se traînent tout mutilés. Les femmes sont en proie à la force ; l'épouse ne peut compter sur les jours de son époux, ni la mère sur la vie de ses fils. Le feu vient aider le fer dans ses ravages. Les toits de chaume et les maisons de bois s'enflamment, et brûlent avec les habitans.

Maintenant, si quelque membre de cette société malheureuse, au lieu de la défendre, se tourne aussi contre elle, et, par intérêt ou par vengeance, augmente le nombre des pillages, des incendies ou des meurtres, comment allez-vous le punir ? Il faut que vous apaisiez le murmure de la conscience publique ;

il faut que vous assuriez le salut commun par l'exemple du châtiment ; et pour cela il faut apparemment
infliger à l'assassin et à l'incendiaire plus de mal que
n'en éprouvent ceux qui n'ont pas démérité. Eh
bien ! dans le misérable état de cette société naissante, vous avez vu la mort se rencontrer sous chaque pas de l'innocent : comprenez donc maintenant
comment la mort, cet événement si commun et si
vulgaire, avec lequel on est alors si familiarisé, peut
se prodiguer dans la loi pénale ; et comment même,
lorsque le trépas frappe en si grand nombre les citoyens non coupables, il ne peut suffire pour châtier
les criminels, et veut être souvent précédé par d'autres supplices. Lycurgue vous paraissait barbare,
parce qu'il joignait à la mort les poignantes angoisses
de la faim, ou qu'avant de faire périr le coupable il
en déchirait les membres sous les coups sanglans du
fouet : la rigueur des temps où il vivait doit vous
faire comprendre cet homme.

On peut s'expliquer encore, par les souffrances
inévitables et les trépas multipliés d'une pareille
époque, non-seulement la résignation à la fatalité,
caractère que nous retrouvons de nos jours chez les
peuples misérables, mais encore ces sacrifices humains et même ces féroces dévouemens qui nous
étonnent au milieu de notre vie douce et tranquille,
mais qui devaient alors moins trancher sur la teinte
des événemens communs. A Sparte, avant Lycurgue, des victimes humaines étaient, si l'on en croit
Pausanias, immolées devant la statue de Diane Or-

thye ; et Lycurgue rendit la vie misérable par système, pour aguerrir d'avance les citoyens contre les misères que leur réservait la fortune. Voilà pourquoi, sans émouvoir la sensibilité publique, les enfans étaient battus de verges aux pieds de cette même Diane, jusqu'à ce qu'ils fussent couverts de sang ; voilà pourquoi, dans l'île des Platanes, on les lançait les uns contre les autres, sans que les cœurs, endurcis par la douleur et le spectacle habituel du trépas, fussent révoltés de voir ces enfans se déchirer, comme des bêtes féroces, avec les ongles et les dents.

Il est aux déserts de l'Amérique méridionale des peuplades d'Indiens sauvages. Par les maux qu'ils endurent chaque jour, ces malheureux n'ont aucune horreur des tortures qu'ils infligent à leurs ennemis prisonniers. Ils leur coupent les pieds, leur arrachent la langue, et leur font dans les membres de profondes entailles. Mais comme par représailles, quand la chance de la guerre tourne contre eux, ils sont soumis aux mêmes supplices, on les voit élever leurs enfans dans de cruelles mutilations, pour les endurcir d'avance aux douleurs qui les attendent (1).

C'est la même histoire que celle des Spartiates ; mais l'une et l'autre nous paraîtront beaucoup moins *héroïques* si nous envisageons le point d'où partent

____

(1) Voyage du capitaine Head aux Pampas et aux Indes. Londres, Murray, 1826.

ces deux peuples pour s'imposer de pareils tour-
mens, et non le point d'où nous partirions nous-
mêmes dans notre heureuse société.

Quant à la nature des peines chez ces Indiens de
l'Amérique, j'ignore ce qu'elle est ; mais on peut pré-
voir que, s'ils veulent punir parmi eux un grand
crime, ce ne doit pas être d'une simple mort, encore moins d'un emprisonnement.

Au Japon, le peuple est si familiarisé par les misères de sa vie avec les maux physiques, qu'il s'ouvre
le ventre pour plaire à ses dieux, pour donner plus
de poids à un serment, enfin, comme le dit Montesquieu, pour la moindre fantaisie. On concevra sans
peine alors que le simple mensonge en justice y soit
puni de mort, ainsi que l'acte d'exposer de l'argent
au jeu, et que des tortures deviennent nécessaires
pour châtier et prévenir les grands forfaits.

Trois siècles après Lycurgue, du temps de Solon,
les désastres, devenus plus rares dans la Grèce, sont
loin pourtant d'avoir disparu. A chaque instant la
culture est interrompue ou foulée aux pieds par la
guerre civile ou étrangère ; et le sol n'offre aux habitans que la faim. L'art n'a trouvé aucune ressource
pour lutter contre les injures de l'air et le fléau des
maladies. Les contagions engendrées par l'ordure et
la misère abattent les animaux et les hommes dans
le Péloponèse et dans l'Attique ; enfin le trépas vole
encore sous mille formes autour de cette société mal
affermie. De là, si la peine de mort n'est plus nécessaire pour punir les simples délits, elle reste insuffi-

sante contre les grands crimes : car, je le répète, pour satisfaire à la conscience publique, et pour défendre la société, il faut que ceux qui font mal souffrent plus que ceux qui font bien. Aussi du temps de Solon, n'inflige-t-on pas aux grands coupables la simple perte de la vie : on y ajoute ou le feu, ou la roue, ou les lapidations ; et d'autres fois le criminel est jeté dans un gouffre ou précipité d'une tour, pour qu'au supplice de la mort se joigne le supplice de l'effroi.

Si nous arrivons aux Romains, le talion, la hache et les verges, le robur, la roche Tarpéienne, les gémonies, voilà les peines que nous trouvons chez ce peuple dans les premiers temps. Mais c'est qu'alors les hommes de bien meurent de faim sur la place publique, sont traînés dans les fers, ou déchirés par les créanciers patriciens, qui se partagent les membres du débiteur après s'être partagé son champ. Le père est réduit à vendre ses fils, parce qu'il ne peut les nourrir ; des brigands viennent jusqu'aux portes de la ville, enlèvent les Romains, et les vendent esclaves aux barbares; les citoyens périssent massacrés dans les séditions ; et tous ces maux ne sont suspendus que par une guerre sans cesse renaissante, qui vient apporter d'autres maux.

Deux ou trois siècles après, la mort n'est plus aggravée par d'autres supplices ; mais on la prononce encore contre les crimes publics, et nous voyons étrangler dans une prison les nombreux partisans des Gracches. C'est que, si la république ne voit plus

chaque année la guerre à ses portes et dans ses pro-
pres entrailles, si elle n'est plus menacée dans son
existence, elle est loin d'assurer le bonheur des citoyens. Rome est épuisée par des guerres lointaines,
traversée souvent par des troubles civils qui amon-
cellent les ruines dans l'État, et, comme le dit Salluste,
« le peuple est accablé par l'indigence et la guerre;
« et, quand les plébéiens sont occupés à combattre,
« leurs enfans se voient chassés du patrimoine par des
« voisins plus puissans. » Aussi une peine non sanglante ne serait-elle pas encore une peine grave en
comparaison des maux qui pèsent sur les innocens.

Enfin, sous les empereurs, il est encore des peines
capitales; mais le peuple est encore à l'aumône des
grands, et les combats de gladiateurs nous attestent
la dureté de son existence par la férocité de ses
plaisirs.

Au moyen âge, en France, nous retrouvons dans
les supplices les rigueurs de l'antiquité; mais nous
retrouvons aussi les mêmes misères. L'irruption tu-
multueuse et sanguinaire des barbares; la lutte des
premiers conquérans contre des conquérans nouveaux; les guerres intestines soulevées par Brune-
haut et Frédégonde, par les maires d'Austrasie et de
Neustrie; le débordement des Sarrasins; les populations frankes et saxonnes heurtées et brisées l'une
contre l'autre; le déchirement de l'empire sous les
dissensions des fils de Louis-le-Débonnaire; le pillage et le massacre marchant dans toutes les campagnes devant les hordes des Normands; enfin les

querelles meurtrières, soit de la couronne et des vassaux, soit des vassaux entre eux; les ravages dans chaque campagne; les pillages dans chaque ville, les sièges devant chaque château : voilà les scènes qu'il faut traverser du cinquième au onzième siècle; voilà les élémens du bonheur public; voilà sur quelle base il faut asseoir l'échelle de la pénalité.

Jusque-là, pour la France, la question a été d'être ou de n'être pas; elle s'est vue attaquée dans son existence tout entière, et pas un de ses membres n'a été exempt de souffrance. Elle commence à s'affermir sous les premiers rois de la troisième race. Mais les guerres lointaines succèdent aux guerres intérieures, et apportent aussi leurs plaies. Les croisades soulèvent de nouveau les masses populaires, et les empêchent de s'asseoir et de suivre quelques travaux. Bientôt on embrase la Normandie, on égorge les Albigeois; puis la France est ébranlée de nouveau dans sa base par l'Angleterre, dont elle soutient l'assaut sur son propre territoire, lorsque ses maux sont aggravés encore par les désordres de la Jacquerie, par les fureurs des Armagnacs et des Bourguignons. Aussi tel est le tableau que nous trouvons dans les cahiers des états-généraux de 1484 : « Le peuple est chassé de ses maisons dévastées par « les gens de guerre; il court sans subsistance dans « les bois. Le laboureur, à qui l'on prend ses che- « vaux, attelle à la charrue sa femme et ses enfans...; « d'autres, réduits au désespoir, égorgent leur fa- « mille et s'enfuient. »

Enfin les expéditions de Naples et de Milan ; la rivalité de Charles-Quint et de François Ier ; les massacres de religion ; les prises d'armes de la Ligue et de la Fronde ; les guerres de Hollande, d'Allemagne et d'Italie : tels sont les événemens qui nous conduisent vers la fin du dix-septième siècle. Il ne faut donc pas nous étonner qu'alors, et sous le dôme doré qui couronne le sommet de l'État, le reste de l'édifice soit encore ouvert à tous les genres de fléaux. Le peuple est accablé d'impôts, et n'a pour les payer que la misère ; il ne vit que d'alimens grossiers, dont la rareté suffit mal à sa faim. Dans les villes, il habite des cloaques impurs, et dans les campagnes des huttes de terre et de boue ; il y reste accroupi au milieu des ténèbres et de la fumée, ou dans les angoisses de la famine et du froid. Des animaux immondes lui disputent la paille où il cherche un dur sommeil, et enfin la fièvre et de pestilentielles maladies enlèvent les trois quarts de l'enfance et la moitié de l'âge mûr. Maintenant si quelqu'un de ces hommes, pour augmenter sa part aux dépens de ses compagnons d'infortune, assassine toute une famille ou met le feu à tout un hameau, croirez-vous le punir en l'enfermant dans une maison pénitentiaire ? Ce serait le récompenser.

Un officier européen voulut dernièrement appliquer les peines de notre discipline aux Arabes qu'il commandait ; il les envoya aux arrêts. Mais il s'aperçut bientôt que les fautes devenaient plus fréquentes, et que le prétendu châtiment était une fête pour l'Arabe, qui savourait avec délice son oisive captivité.

Reconnaissons donc cette terrible vérité : le serf du moyen âge et l'affranchi du seizième ou du dix-septième siècle n'auraient pas, après un crime, regardé la prison comme un châtiment bien redoutable, puisque la mort était chaque jour sur le seuil de leur porte ou assise sous leur toit.

Mais remarquons que depuis le douzième siècle, et surtout depuis le quinzième, époque où la France avait tout-à-fait cessé d'être le théâtre de la guerre, la mort n'avait plus besoin d'être précédée d'un supplice cruel, et que, dans le plus grand nombre des cas, on cherchait à la préserver de toute souffrance. C'était déjà une révolution.

Le mal s'apprécie par comparaison, et la pénalité doit se régler et se règle en effet, quant à sa mesure physique, sur l'état physique de la classe qu'elle veut frapper. Cela est si vrai que, tant qu'une société contient des classes fixes et nettement prononcées, dont la condition matérielle est tout-à-fait différente, il s'établit par suite deux codes de peines tout-à-fait différens. Chez les Grecs et chez les premiers Romains, la classe la plus nombreuse ou les esclaves étaient réduits à un sort si rigoureux, que la loi n'en demandait pas plus de compte au maître que des bœufs ou des chevaux de sa terre, et laissait à celui-ci le soin d'inventer leur châtiment. Plus tard, à Rome, une loi permit l'exil aux condamnés ; mais on ne la laissa jamais profiter qu'aux premiers citoyens de l'État, et jamais aux plébéiens ni aux esclaves. Du temps des empereurs, une foule de lois et entre autres la loi *Cornelia* sur les meurtriers et les faussaires, la loi *Julia* sur le sacrilège, la loi *Fabia* sur les voleurs d'esclaves, portaient des peines diverses, selon le rang des coupables; et, au moyen âge, le noble était puni dans son honneur et dans ses biens, et le vilain dans sa personne.

Il ne faut pas regarder ces faits avec nos yeux d'aujourd'hui, jaloux et à juste titre de l'égalité devant la loi, puisque les classes deviennent de plus en plus égales. Dans ces temps de malheur, certains ordres de citoyens pouvaient être déjà contenus par des peines adoucies : pourquoi les aurait-on soumis à plus de rigueur? Si la condition des autres classes était plus dure, c'était par la force des choses, et non par un vice des codes. Comprenons mieux la loi qui préside au développement des sociétés. C'est seulement après les travaux d'une longue suite de siècles que le bien-être peut pénétrer dans la masse de la nation. Il faut qu'avant de parvenir à la multitude, il arrive d'abord à un petit nombre, comme la sève qui s'accumule dans le tronc avant de se répandre jusqu'à l'extrémité des rameaux. C'est là un fait naturel et nécessaire, contre lequel on ne doit pas avoir de courroux. Les lois les plus empreintes de nos idées de liberté et d'égalité ne pourraient subitement élever un peuple barbare à la prospérité actuelle du peuple français ou anglais. Quand vous ordonneriez aux seigneurs russes de diviser immédiatement leur fortune entre les paysans asservis, quand vous prescririez aux riches du Chili ou de toute autre république de l'Amérique méridionale d'appeler le peuple au partage de leurs biens, ce n'est pas ainsi que vous répandriez la richesse sur toute la masse populaire, et que vous en adouciriez la condition. Cette petite portion de vie, concentrée sur un point, disparaîtrait disséminée dans le tout. Il faut bien d'autres efforts pour enrichir une population entière. Il faut avoir vaincu sur une vaste étendue les obstacles du terrain et du climat; il faut, avec les secours de cette première culture, attaquer les autres points du sol, et promener ainsi partout la main de l'homme. De combien de siècles n'aurez-vous pas besoin pour arriver à cette première prospérité! Il faudra ensuite diviser le travail pour en varier et en multiplier les produits; joindre les tributs de l'industrie aux tributs de l'agriculture; puis établir des communications faciles et nombreuses; paver des routes, construire des ponts et creuser des canaux; et, pour tout cela, répandre à flots l'instruction populaire, approfondir les sciences, et des vérités reconnues par les savans faire une sorte de monnaie vulgaire qui circule et s'échange partout. Et combien de fois la guerre ne vient-elle pas interrompre la série de ces travaux, détruire la richesse naissante, avec les instrumens et les hommes qui la produisaient, et retarder ou faire rétrograder une nation de deux ou trois cents ans. Avant qu'on ait pu conso-

lider et développer ainsi la société à l'aide des siècles,
les classes guerrières qui sont à la tête de l'État, soit
comme fondatrices de la nouvelle cité, soit comme
protectrices des travaux, doivent nécessairement en
recueillir les premiers fruits, et le bien-être de la nation commence par elles. Si vous voulez d'abord les
dépouiller de leurs privilèges et fonder sur-le-champ
l'égalité, vous n'arriverez à aucun progrès, de même
que vous ne remplirez jamais un vase si vous ne per-
mettez pas que le fond soit d'abord seul couvert de
la liqueur. Or, pendant les premiers développemens
de la société, la pénalité trouvant dans le sort de la
première classe un autre point de départ que dans
la condition des classes inférieures, l'échelle des peines
sera moins étendue pour les citoyens d'un rang élevé,
et on négligera tous les degrés qui portent des supplices sanglans.

Mais, après quelques siècles, les guerriers, protec-
teurs et maîtres du sol, s'apercevront que, s'ils veulent provoquer une production plus abondante, il
leur faut faire une plus large part aux travailleurs, afin d'animer les travaux; et alors les esclaves
s'affranchiront; on verra naître des corporations et
des communes. Et quand les heureux fruits de cette
révolution auront été recueillis, il faudra, pour aller
plus loin, étendre et multiplier les privilèges; et
de même que les seigneuries auront vu affranchir
les serfs, les corporations verront affranchir les ouvriers, ce qui amènera l'égalité et le concours de

tous les efforts. Alors il y aura une production plus riche, les fruits du travail seront mieux répartis, et le bien-être aura pénétré jusqu'aux extrémités du corps social.

C'est alors qu'au lieu de ces grandes classifications d'hommes si nettement tranchées autrefois, qui partageaient la société en deux rangs, dont l'un offrait l'extrême opulence et l'autre l'extrême misère, on aura vu s'établir de simples subdivisions, dont les nuances se confondront de proche en proche, et qui seront facilement accessibles de l'une à l'autre; c'est alors que les hommes se ressembleront de plus en plus par leur condition physique et morale, et qu'on pourra prononcer des peines égales pour tous; et pour cela il faudra, non pas faire redescendre les classes élevées vers la pénalité rigoureuse des dernières classes, mais faire monter celles-ci vers la douceur des peines qui suffisaient contre les premières.

En reportant nos yeux sur le passé, nous avons trouvé une première époque où, pour satisfaire à la conscience publique contre les grands crimes, la peine de mort devait être aggravée par des tortures, et un second période où elle suffisait seule. Déjà même une classe peu nombreuse pouvait être dispensée de ce châtiment. Examinons si de nos jours une troisième époque, c'est-à-dire une troisième amélioration dans le sort général, ne permet pas d'aller plus loin; et si, la peine de mort pure et simple ayant remplacé les tortures, on ne pourrait pas la remplacer à son tour par le châtiment qui la suit dans les codes, et étendre à toutes les classes cette bienfaisante révolution.

CHAPITRE IV.

Je retraçais tout à l'heure par quelle marche un peuple arrive à un état de prospérité générale. Ce tableau nous conduit naturellement à nos temps. C'est aujourd'hui, et surtout en France, que ces progrès successifs et lents sont accomplis. En vertu d'une révolution entièrement consommée aujourd'hui, mais qui était en pleine activité dès le quinzième siècle, puisque dès lors la féodalité se voyait battre en ruine par le grand nombre des affranchissemens et des maîtrises, la propriété et l'industrie, condensées entre un petit nombre de privilégiés, se sont éclatées pour ainsi dire, et sont retombées dans une multitude de mains. De là, les défrichemens se sont portés dans toutes les directions ; de nouvelles cultures ont été introduites ; la fabrication et le commerce, dans leur immense développement, ont amené le travail et l'aisance là où ni l'un ni l'autre n'avaient jamais pénétré. De plus, par une pente de l'économie industrielle, qui fait rester entre les mains du producteur une part toujours plus grande de la valeur des produits, le prix de la main-d'œuvre s'est augmenté à la ville comme le prix de la journée de travail à la campagne, et dans une proportion bien plus élevée que le prix des denrées. Aussi, malgré des crises passagères, les nombreuses familles d'artisans et de laboureurs jouissent d'un sort plus heureux qu'autrefois; elles sont mieux logées et mieux nourries; les villes se sont assainies; les maisons des hameaux connaissent les portes et les fenêtres, le jour y a pénétré, et la propreté avec lui. Les fièvres et le fléau de la petite-vérole se retirent de plus en plus; la durée moyenne de la vie, qui, en l'année 1780, était de vingt-huit ans, s'élève maintenant à trente-six, et tend à dépasser cette limite. Enfin, pour dernier perfectionnement, l'amélioration des instrumens de culture, l'introduction des machines industrielles demandent des efforts moins pénibles et moins grossiers, plus de combinaisons intellectuelles, plus d'activité dans le raisonnement, et la classe des ouvriers, presque abrutie par des travaux corporels qui ressemblaient à des peines afflictives, se relève, et voit par là encore sa vie physique s'adoucir et son intelligence se développer.

Tel est le perfectionnement remarquable qui a changé chez nous la classe nourricière et productrice, c'est-à-dire la classe la plus nombreuse, la classe fondamentale de l'État. C'est encore un caractère particulier de la société humaine que le pouvoir de se perfectionner. Quelle que soit l'époque où l'on ait observé une société de castors, on l'a toujours trouvée égale à elle-même. Le premier jour, elle en savait autant qu'elle en sait aujourd'hui. Notre société, au contraire, selon les divers périodes, présente des phases diverses ; et si, négligeant les localités, on embrasse l'espèce humaine tout entière comme une grande nation dont la capitale change de place, on est obligé de reconnaître une amélioration successive. En effet, dans toute l'antiquité, la classe des travailleurs était esclave. La classe militaire, ou les maîtres, avaient sur la première droit de vie et de mort. Dans le moyen âge, aux esclaves avaient succédé les serfs, dont la vie n'appartenait plus aux seigneurs, et qui avaient déjà plus de part aux bénéfices du travail. Ensuite vint le jour des affranchissemens ; puis enfin la libre concurrence du travail et l'augmentation toujours croissante du salaire des travailleurs. C'est cette faculté de perfectionnement qui permet de remettre ainsi en question, aux différens âges, ce qui semblait jugé depuis long-temps ; c'est par là qu'il est possible de rejeter sagement ce qu'avait adopté l'époque précédente avec non moins de sagesse.

Cette vérité répond d'avance à ceux qui craignent les changemens et à qui la seule existence d'une institution paraît un motif de la conserver éternellement.

La masse du peuple est donc maintenant en France beaucoup plus heureuse qu'autrefois. En conséquence, pour accomplir le principe de mérite et de démérite, c'est-à-dire pour que le coupable ait un sort plus rigoureux que l'innocent, il n'est plus besoin de déployer tant de rigueur ; l'indignation publique est satisfaite à moins de frais. D'un autre côté, l'effet produit par un supplice cruel, au sein d'une cruelle existence, sera obtenu de même par un moins grave châtiment, au sein d'une vie plus douce ; et le mal se jugeant par comparaison, l'homme qui voudrait commettre un crime n'en sera pas moins contenu.

Ainsi, châtier le coupable et défendre les bons, tel est le double but de la pénalité. Tant que ces deux résultats ne peuvent être obtenus que par la peine de mort, elle est légitime, comme les principes qui fondent la légitimité des peines ; elle n'est plus que monstrueuse, si le même but peut être atteint par un châtiment plus doux.

Toute la question est donc de savoir si le sort de la masse populaire est assez amélioré pour qu'on puisse diminuer d'un degré l'échelle des peines, comme on l'a déjà fait en supprimant les supplices qui aggravaient la peine capitale ; en d'autres termes, il faut examiner si les effets qu'on a obtenus par la peine de mort pure et simple, bien qu'elle fût une innovation, peuvent être atteints aujourd'hui par le châtiment qui la suit immédiatement dans les codes.

La question ainsi posée est une question de fait, et ne peut être résolue que par une expérience.

Or déjà cette expérience a été faite en des pays étrangers, où les circonstances étaient bien moins favorables que parmi nous. Je ne m'appuierai point sur l'exemple d'Élisabeth et de Catherine II, qui avaient cru pouvoir abolir la peine de mort dans leurs vastes états. On pourrait objecter que, sous ces deux impératrices, le supplice du knout, dans lequel le coupable succombait presque toujours, équivalait à la peine de mort. Mais que l'expérience soit considérée comme n'ayant pas été commencée, ou même comme n'ayant pas eu de succès en Russie, la destinée des serfs russes, quelque douce qu'on la suppose à la fin du dix-huitième siècle, est loin de pouvoir se comparer au sort actuel du peuple français, et rien ne prouve que le même essai ne doive pas réussir aujourd'hui dans notre patrie, ni surtout qu'on ne doive pas le tenter.

Une expérience plus concluante eut lieu aussi dans 'le dix-huitième siècle sur le peuple que gouvernait Léopold. La condition commune en Toscane était plus analogue à celle qu'on trouve en France, et la suppression de la peine de mort n'y produisit aucun désordre. Mais, dira-t-on peut-être, Léopold, n'ayant à régir qu'un territoire très-borné, pouvait exercer une surveillance active, réparer tous les maux, et n'avoir plus à punir des crimes qu'il avait su prévenir par son administration paternelle.

Rien n'empêche de donner à la France une plus forte organisation municipale, qui multiplie les centres d'action et de perfectionnement, rapproche les administrateurs des intérêts administrés, rende plus faciles les soins de surveillance et de direction, et renouvelle ainsi la paternelle administration de Léopold.

Enfin récemment l'expérience vient d'être encore répétée dans la Louisiane et en Finlande. La peine de mort a été supprimée dans le premier de ces deux pays, d'après le projet de code présenté par M. Livingston ; et, depuis cinq ans que cette mesure est adoptée, il ne paraît pas qu'on ait encore eu lieu de s'en repentir.

Nous pensons donc qu'on doit tenter le même essai en France. C'est là surtout que les circonstances appellent et favorisent cet heureux changement.

En France, tous les faits s'enchaînent et se lient pour améliorer chaque jour et relever la classe populaire. Les produits sont plus abondans qu'autrefois ; il en reste une plus grande part entre les mains des producteurs, et l'aisance apparaît sous leur toit. Cet heureux sort inspire le goût du travail qui le fait naître, et de l'ordre qui le fait durer. L'ordre et le travail amènent à leur tour la douceur de caractère, et celle-ci la douceur des habitudes et des mœurs. A la vie bruyante et désordonnée que les ouvriers menaient dans les tavernes succède, pour un assez grand nombre, une vie d'intérieur au sein de leur famille, où ils entretiennent la paix. Ils se détachent de ces plaisirs grossiers qui sont des vices, et deviennent plus sensibles aux simples émotions de la nature, aux jouissances de père et d'époux. Leur intelligence, plus développée, contribue aussi à les dégoûter des sensations purement matérielles. Il leur faut des récréations plus délicates. C'est ainsi qu'en Angleterre les ouvriers forment entre eux des associations pour se livrer en commun au plaisir de la lecture et de l'étude. Les tavernes sont désertées pour les bibliothèques, et tel ouvrier trouve main-

tenant un charme plus exquis dans la recherche et
la solution d'un problème de mécanique, qu'il n'en
saurait rencontrer dans tous les pots de bière qui
faisaient jadis sa joie. Je vais rapporter un fragment
de l'enquête faite, en 1824, par le parlement d'Angleterre, sur l'industrie anglaise et française. On y
reconnaîtra, d'une manière évidente, le perfectionnement intellectuel et moral que le travail et l'aisance introduisent chez les ouvriers.

FRAGMENT

DE L'ENQUÊTE ORDONNÉE PAR LE PARLEMENT ANGLAIS, EN 1824 (1).

INTERROGATOIRE DE L'INGÉNIEUR GALLOWAY.

Demande. — D'après vos souvenirs au sujet des
artisans en général, depuis les trente dernières années, pensez-vous que leur caractère et leur ton se
soient beaucoup améliorés, ou qu'ils soient encore à
peu près ce qu'ils étaient lorsque vous les avez
connus dans le principe?

Réponse. — Ils se sont positivement améliorés,
non-seulement sous le rapport des connaissances,
mais encore sous celui de la conduite. C'est un fait
évident, au moins dans ma manufacture, quoique

______

(1) Traduite en français par Maiseau. A Paris, chez Sautelet, rue de
Richelieu, n° 14.

peut-être elle ne puisse servir exactement de règle.
Voici l'usage que j'ai adopté. J'ai reconnu, d'après
la manière dont je dirige mes travaux, au moyen de
dessins et de descriptions écrites, qu'un ouvrier ne
m'est pas fort utile, à moins qu'il ne sache lire et
écrire. Si un ouvrier s'adresse à moi pour avoir de
l'ouvrage, et me dit qu'il ne sait ni lire ni écrire, je
ne lui fais pas d'autres questions, et je l'informe à
l'instant que je ne puis l'occuper. Mais, s'il sait lire
et écrire, voici les autres questions que je lui adresse :
« D'où venez-vous? Qui êtes-vous? Pouvez-vous
« produire un bon certificat? » S'il ne satisfait pas
à ces demandes, je ne l'emploie pas. Par ce moyen,
j'ai introduit dans mes ateliers un degré de bonne
conduite tel, qu'il règne parmi mes ouvriers autant
*de bon ordre et de régularité que dans les classes
les plus élevées de la société.* Je ne permets pas un
langage obscène et grossier dans ma manufacture.
Les ouvriers mettent eux-mêmes à l'amende ceux
d'entre eux qui se conduisent mal. En général, leur
caractère s'est amélioré; et j'ai constamment reconnu
que les hommes les plus instruits ont toujours été
ceux qui se sont le mieux conduits, et qui se sont le
plus complètement conformés aux réglemens de la
manufacture. Les ignorans, au contraire, ont été
constamment récalcitrans, entêtés, obstinés et diffi-
ciles à conduire.

Demande.—N'y a-t-il pas dans ce moment, parmi
les ouvriers de vos ateliers et de ceux des autres in-
génieurs, un sentiment profond de la grande utilité

dont est la science pour accélérer les travaux qu'ils ont à exécuter ?

Réponse.—Ils montrent un très-grand empressement à s'instruire.

Demande. — A votre connaissance, les artisans ont-ils témoigné dans ces dernières années une disposition plus grande que par le passé à économiser de l'argent en le déposant dans les caisses d'épargne?

Réponse. — Assurément : leur conduite s'est généralement améliorée. Ils sont plus proprement et mieux vêtus ; leurs mœurs sont beaucoup meilleures ; ils sont moins adonnés à l'ivresse qu'autrefois.

Demande.—Savez-vous s'ils font des dépôts dans les caisses d'épargne?

Réponse. — Quelques-uns en font. Ils sont certainement plus sobres et plus rangés qu'ils n'avaient coutume de l'être. Le réglement observé dans mes ateliers leur a été soumis, et c'est, par le fait, leur ouvrage presque autant que le mien. C'est le contrat qui les lie, et tout ouvrier nouveau est invité à prendre connaissance de ce réglement avant que je l'emploie. Il y donne son approbation en apposant sa signature sur un registre que je tiens à cet effet.

Demande. — Combien avez-vous d'ouvriers dans votre manufacture?

Réponse.—Environ quatre-vingts.

Demande. — N'y a-t-il pas en ce moment, dans toutes les manufactures un peu considérables, des réglemens qui ont pour but de maintenir la bonne conduite parmi les différens ouvriers qui y donnent leur adhésion à leur entrée dans la manufacture?

Réponse. — Il en est ainsi *dans la plupart* des grands établissemens. Cependant il y en a encore beaucoup qui sont aussi mal administrés qu'il y a trente ou quarante ans; mais ces vices *disparaissent rapidement.* J'espère que le temps et l'expérience les feront entièrement cesser, et que bientôt les ouvriers seront gouvernés par leur attachement à leur devoir, *suite des lumières qu'ils acquerront*, plutôt que par la crainte et par les préjugés.

Demande. — Parlez-vous des manufactures en général?

Réponse. — Je parle des artisans, et des mécaniciens en particulier (1).

Demande. — Quelques-uns des ouvriers employés par vous reçoivent-ils des secours des paroisses?

Réponse. — *Pas un seul* : mes ouvriers regarderaient cela comme la plus grande injure qu'on pût leur faire, aussi long-temps qu'ils sont en santé et qu'ils sont occupés ; et, en cas de maladie, nous avons une caisse destinée à pourvoir aux besoins de l'ouvrier malade. C'est un point tres-important, parce qu'il assure aux ouvriers des secours dans toutes les vicissitudes possibles, de la manière la plus indépendante et la plus économique.

(1) M. Galloway est ingénieur mécanicien, il ne peut connaître les autres branches d'industrie aussi bien que la sienne, et la réserve qu'il met dans ses paroles doit les faire regarder comme plus dignes de foi.

A cette pièce, si importante dans la question qu'il s'agit de décider, j'en vais joindre une seconde, plus notable encore. Elle concerne des ouvriers d'une autre industrie et d'une autre ville que ceux dont on a parlé dans l'interrogatoire précédent : c'est la lettre d'un négociant à ses confrères.

LETTRE

DE M. DUGALD BANNATYNE DE GLASCOW (1).

La compagnie du gaz de cette ville, dans laquelle j'ai de très-grands intérêts, et dont j'ai été le directeur pendant plusieurs années, emploie constamment soixante ou soixante-dix ouvriers. Douze seulement sont mécaniciens ; les autres chauffent les fourneaux ou sont employés aux ouvrages grossiers. Certainement cette réunion d'hommes offrait en apparence peu d'aptitude à l'étude de la science, et il semblait peu probable qu'on fît naître parmi eux le désir et le besoin de développer leurs facultés intellectuelles.

En 1821, le directeur de nos travaux, M. James Nelson, fit à ces hommes la proposition de mettre en réserve, pour acheter des livres et former une petite bibliothèque, une certaine somme, chaque mois, sur leur salaire. Il leur dit que, s'ils accédaient à cette proposition, la compagnie leur donne-

(1) Voyez les *Annales de l'Industrie*, et le *Producteur*, n° de novembre 1825.

rait un local pour y déposer leurs livres; qu'elle ferait les frais de la lumière et du chauffage pendant l'hiver, afin de leur procurer tous les moyens de se réunir le soir, et en toute saison, pour lire et faire la conversation, ce qui leur serait plus profitable et plus honorable que de se réunir au cabaret, comme plusieurs d'entre eux en avaient l'habitude.

M. Nelson leur dit encore que la compagnie leur ferait don de 5o liv. sterling (1,25o fr.) pour acheter les premiers livres, et que l'emploi des fonds, ainsi que la direction de la bibliothèque et de toutes leurs affaires communes, demeureraient réservés à un comité indépendant qu'ils nommeraient entre eux, et qu'ils renouvelleraient à des époques fixes.

Cet administrateur eut l'adresse d'engager quatorze ouvriers à l'adoption de ce plan. Telle est l'origine de l'institution actuelle.

On convint d'abord que, pendant deux ans, c'est-à-dire jusqu'à ce qu'on eût acquis la certitude que les membres de l'association attacheraient assez de prix aux livres pour en prendre soin, ces livres ne sortiraient pas de la bibliothèque, et que l'on se réunirait tous les soirs pour lire.

Aujourd'hui les ouvriers emportent les livres et, en 1823, ils ont commencé à ne plus se réunir que deux fois la semaine, pour raisonner et s'entretenir en commun sur les lectures faites chez eux. Le nombre des souscripteurs fut d'abord très-petit, et, à la fin de la seconde année, il ne montait encore qu'à trente; mais la lecture et les conversations leur ont donné le goût de l'étude, et l'instruction qu'ils ont acquise a augmenté leur ardeur d'en acquérir une nouvelle. Ils achetèrent bientôt un atlas, et ne tardèrent pas à se procurer deux globes, l'un de la terre et l'autre du ciel.

L'un d'eux (Alexandre Anderson), menuisier, qui avait suivi pendant deux ans un cours public, commença, dans l'hiver de 1824, à leur expliquer, le lundi de chaque semaine, l'usage des globes.

Ayant fait l'épreuve de sa capacité, et s'étant très-bien fait comprendre de ses camarades, il leur offrit volontairement de leur enseigner, le jeudi soir, quelques principes et quelques procédés de chimie, de mécanique, et d'y joindre des expériences, ce qu'il fit avec une simplicité, une clarté et une précision admirables. Enfin, secondé par l'un de ses camarades, il ouvrit bientôt un cours d'arithmétique.

Voici les nouveaux arrangemens qui ont été pris cette année dans l'institution.

Les membres du comité ont arrêté que chacun d'eux, à tour de rôle, ferait une lecture de sa composition sur la mécanique ou sur la chimie, le jeudi soir, d'après les principes de Fergusson et de Murray.

Le lecteur est prévenu quinze jours d'avance. Il étudie donc son sujet afin de le posséder à fond, et il est même autorisé à réclamer l'aide de tout membre de la société, soit pour l'éclairer, soit pour préparer les expériences chimiques et les modèles des machines qui doivent servir aux démonstrations qu'il aura besoin de faire.

Une chose bien remarquable, c'est que jusqu'ici aucun des membres ne s'est montré embarrassé dans ses explications, ce que j'attribue à l'absence de toute prétention, de toute affectation scientifique, et à cet esprit de fraternité qui caractérise tout enseignement mutuel. Aussi déclaré-je ne connaître aucun moyen aussi utile et aussi sûr de propager les connaissances.

L'expérience est faite et convaincante : car, par ce système peu compliqué d'enseignement, les membres de l'association qui étaient plongés dans la plus profonde ignorance ont acquis très-promptement les idées les plus claires et la connaissance la plus complète des sujets qui ont été traités ; et ceux qui ont suivi des cours plus élevés, sous d'habiles professeurs, confessent qu'ils n'ont pas fait d'aussi rapides progrès.

La soirée du lundi est consacrée maintenant à entendre les lectures que font les membres qui ne sont pas du comité, sur des sujets qu'ils ont choisis, mais toujours dans le cercle des sciences et des arts utiles ; et chacun, lorsque son tour arrive, paie sa dette avec autant de facilité, de modestie et de plaisir, qu'en ont montré les membres du comité quand la tâche leur était imposée.

Voici un tableau des divers sujets qui ont été traités depuis le mois de septembre 1824.

1° La solidité, le repos, le mouvement et la divisibilité de la matière; 2° l'attraction, la cohésion et la répulsion; 3° les centres de gravité et l'expansion des métaux; 4° l'attraction et la gravitation; 5° le magnétisme et l'électricité; 6° les forces centrales; tout mouvement naturel se fait en ligne droite; 7° les pouvoirs mécaniques; 8° le levier, la roue, l'axe; 9° la poulie; 10° le coin et la vis; 11° l'attraction et la gravitation; 12° les roues de carrosses; 13° les formes primitives des cristaux; 14° l'hydrostatique.

Ces premières lectures ont été faites par les membres du comité, et celles qui suivent par les membres de l'association, et volontairement.

1° La machine pneumatique; 2° l'électricité; 3° introduction à la chimie, et principalement au système des affinités; 4° les propriétés de l'atmosphère; 5° le moulin à farine; 6° l'art du mineur dans les mines de charbon de terre; 7° observations pratiques sur les moyens de faire éclater les roches; 8° sur les moyens de percer, de plonger, de miner, et sur les propriétés de la lampe de M. Humphrey Davy; 9° les globes; 10° *idem*; 11° navigation d'un vaisseau de la Tamise aux îles Orcades; 12° nature du gaz acide carbonique; 13° description des moyens inventés par le capitaine Manby pour sauver les naufragés.

Les travaux que je viens de décrire ont eu pour résultat *une grande augmentation de bonheur, et un grand perfectionnement moral dans le caractère des ouvriers.* Le cœur et les mœurs n'ont donc pas moins gagné que l'intelligence, ce qui nous annonce quelle amélioration sociale doit être le produit de ces espèces d'institutions, combien d'avantages de tout genre elles doivent assurer au pays, et combien de découvertes, d'inventions, d'améliorations, seront enfantées par des esprits exercés, vigoureux, éclairés, habitués à raisonner toutes leurs actions et à se respecter eux-mêmes.

Voyant que l'institution avait déjà produit *tant de résultats avantageux*, la compagnie du gaz a donné à ses ouvriers un local plus spacieux et plus commode; elle y a joint un laboratoire et un atelier, pour faciliter les expériences et la fabrication des modèles

En 1824, les ouvriers ont construit eux-mêmes une machine pneumatique et une machine électrique. Il en est plusieurs qui passent au laboratoire et à l'atelier *tout le temps dont ils peuvent disposer.*

Tous nos ouvriers sont associés, à l'exception de quinze montagnards ou Irlandais, qui ont donné pour motif qu'ils ne savaient pas lire. Mais leurs camarades leur ont dit : « Unissez-vous à nous, nous « vous enseignerons la lecture. » Je ne fais aucun doute que la proposition ne soit bientôt acceptée.

Les règles de la société établies par les ouvriers sont simples et judicieuses.

A son admission, chaque sociétaire paie 7 schellings 8 den. (8 fr. 85 cent.) Cette somme lui sera rendue s'il quitte la manufacture ; ou, s'il meurt, elle sera remise à ses héritiers.

De plus, chaque membre paie trois demi-penny (15 c.) par semaine. Un réglement établi cette année porte que les deux tiers de cette contribution seront affectés à la bibliothèque, et le reste au laboratoire et à l'atelier.

Ce qui prouve combien le goût de la science a fait de progrès, quel heureux changement s'est opéré dans les esprits et dans les sentimens de ces hommes, c'est qu'ils ont arrêté que les pères pourraient amener au cours leurs fils de sept à vingt et un ans.

Leur bibliothèque se compose aujourd'hui de plus de trois cents volumes, dont le choix fait honneur aux membres de la société. Ils ont les œuvres de Shakspeare, quelques-uns des meilleurs poètes, des ouvrages d'histoire et de voyages ; *mais le plus grand nombre est en livres élémentaires sur les sciences.* Ils sont convenus de n'admettre aucun ouvrage sur la religion, parce que, disent-ils, « chacun de nous « ayant la sienne, les uns étant anglicans, les autres « presbytériens, méthodistes, dissidens, catholiques, « chaque croyance voudrait avoir ses livres, ce qui « nous jetterait dans des discussions sans fin, que « nous devons éviter. »

J'espère, messieurs, que ce récit vous intéressera, qu'il deviendra utile, et qu'il fera naître de nouvelles et heureuses idées sur les moyens de propager l'instruction parmi les classes ouvrières.

En effet, il me semble que *l'on peut faire en tout lieu* ce qu'ont fait nos ouvriers. Partout où il y a des écoles publiques, leur emplacement pourrait servir, une ou deux fois la semaine, aux réunions du sior, et loger la bibliothèque, sans incommoder les élèves. Le maître d'école pourrait rendre de grands services dans le comité. Enfin, si les fonds des élèves souscripteurs ne suffisaient pas, il est hors de doute qu'il se trouverait dans le voisinage un nombre assez grand de bienfaiteurs, qui acquerraient par leurs dons volontaires de nouveaux droits à l'estime publique.

Voilà, certes, des preuves bien manifestes de l'amélioration morale et intellectuelle des ouvriers. Tout cela est bien, dira-t-on ; mais, en France, nous ne voyons pas de ces miracles. On se trompe, et nous pouvons opposer des faits qui ne causeront pas moins d'étonnement. Sans parler de mille autres lieux où se montre la régénération populaire, nous avons un exemple frappant de l'influence du travail, aux portes de Paris même, dans le canton de Creil, près de la petite ville de Clermont. Ce territoire peu fertile portait une population indigente, oisive, et livrée à tous les vices. Il exigeait une surveillance active et sévère, excitait les plaintes des autorités, et se trouvait frappé d'une multitude de condamnations. Mais tout à coup un grand nombre de fabriques se sont établies dans le pays, et ont donné du travail à vingt mille ouvriers. Sur un terrain jadis stérile et perdu pour l'État, il se produit maintenant une valeur de vingt millions, dont seize restent comme salaire entre les mains des travailleurs.

Ces hommes ont pris goût au travail; les cabarets se dépeuplent, les familles se recomposent. A l'exception d'un petit nombre d'ouvriers qui ne sont point du canton, et que la nature des travaux a forcés de faire venir d'autre part, tous ont renoncé à la honteuse oisiveté du lundi; et maintenant, sur aucun département de la France, les rapports de la surveillance publique ne sont aussi satisfaisans; aucune population n'est plus paisible et plus calme; aucune ne voit plus rarement ses membres sur le banc des accusés. Cette merveilleuse métamorphose est attestée dans la Statistique du canton de Creil, par M. le duc de Liancourt.

Veut-on une autre preuve des résultats moraux produits en France par le développement du travail et de l'industrie? Un mémoire lu à l'académie de médecine, au mois de septembre 1826, nous a montré que le nombre des crimes avait notablement diminué depuis vingt-cinq ans dans le département de la Seine-Inférieure, et qu'au lieu de quatre-vingt-cinq condamnations capitales que présentait la période de 1800 à 1805, celle de 1820 à 1825 n'en a plus offert que douze. Or, depuis vingt-cinq ans, le département de la Seine-Inférieure s'est accru d'une population de quarante mille ouvriers, pour ne compter que les seules vallées de Houlme, de Déville et de Darnetal.

De pareils faits combattent victorieusement le préjugé qui regarde la vie industrielle comme entraînant plus de vices que la vie agricole. L'ouvrier qui se

livre à l'ivresse et à la débauche est un mauvais ouvrier, plus ami de la paresse que du travail; il eût été
le même homme à la ferme, et aurait fait un mauvais laboureur, fainéant et dissolu. L'erreur vient
de ce qu'on a comparé l'ouvrier lâche et dépravé
avec l'agriculteur diligent et honnête homme. Il
fallait mettre en parallèle les bons travailleurs des
villes et les bons travailleurs des champs : on les
eût trouvés les mêmes sous le toit de l'atelier ou
sous le ciel de la campagne. La prévention contre
l'industrie tient à cet autre préjugé qui fait de la vie
sauvage le type de la liberté et de la dignité humaine,
et qui répute les forêts exemptes des crimes et des
vices importés, est-il dit, par la civilisation. L'observation prouve que les souillures de l'homme sauvages sont plus multipliées et plus hideuses que celles
de l'homme civilisé. Vous reprochez l'intempérance
à quelques habitans de nos villes : dans les bois,
ceux-là et tous les autres se seraient gorgés de racines
et de gibier cru. Les Indiens des Pampas, qui viennent à Mandoza échanger les produits de leur chasse,
emploient trois jours à consommer ce marché. Ils
passent le premier jour à se noyer d'eau-de-vie, et
tombent dans une ivresse qui réveille leur férocité
et cause entre eux d'horribles combats; le second jour,
ils vaquent à leurs affaires; le troisième, ils se re-
plongent dans l'abrutissement féroce qui a célébré
leur arrivée et qui célèbre leur départ (1). Vous ac-

(1) Voyez le Voyage du capitaine Head aux Pampas et aux Indes.
Londres, Murray, 1826.

cusez quelques hommes civilisés de perfidie et de mauvaise foi : dans l'état sauvage, nous aurions tous fait comme les Araucaniens, qui se réconcilient avec une tribu ennemie, et n'en déchirent pas moins les députés de paix que celle-ci leur envoie (1). Rousseau, et quelques autres philosophes du dix-huitième siècle, choqués de l'organisation sociale qu'ils avaient sous les yeux, au lieu de porter leurs regards en avant et de se confier dans l'avenir, ont regardé en arrière, et ont divinisé un prétendu état de nature que leur imagination plaçait dans le passé. Mais l'observation dément tous les jours leurs fictions : chaque pas que l'homme fait hors de l'état sauvage est un perfectionnement et un succès. Il y a loin d'une forêt de Hurons, quoi qu'on en ait dit, même à une taverne remplie d'ouvriers paresseux, et surtout à un atelier plein de travailleurs actifs comme ceux du canton de Creil.

La métamorphose morale de ce petit pays s'est faite par la seule influence du travail sur la vie physique et intellectuelle. Quels heureux fruits ne devrons-nous pas recueillir, lorsque partout se seront établis ces cours d'ouvriers fondés par l'esprit industriel, qui de jour en jour se substitue à l'esprit militaire. Les crimes et délits, ainsi que les vices qui en sont la cause, décroissent avec l'ignorance, comme ils décroissent avec la misère : car l'instruction et

____

(1) Voyez le Voyage de John Miers au Chili et à la Plata. Londres. Bardwin, 1826.

l'aisance ont également le privilège de nous laisser moins en proie aux sensations brutales et matérielles, d'où naît tout le mal, et qui poussent surtout aux crimes matériels et brutaux. Ainsi les méfaits deviennent moins nombreux, et ceux qui nous affligent encore n'ont plus le même caractère de férocité qu'autrefois. Si quelques crimes atroces ont été commis de nos jours, on a reconnu que l'aliénation de l'esprit avait égaré la main du coupable; mais on ne voit plus accomplir par haine, cupidité, vengeance ou toute autre passion naturelle, ces forfaits dont les détails faisaient frémir l'humanité. Ce n'est pas que les mouvemens passionnés soient bannis du cœur humain; ils ne sont même pas contenus autant qu'ils pourront l'être par la suite : mais ils se font jour par des coups moins odieux, ils prennent une couleur moins sauvage, plus assortie au caractère des mœurs générales; et c'est surtout dans le nombre des crimes sanglans que les statistiques morales indiquent une diminution; les peines doivent donc perdre aussi quelque chose de leur teinte de sang.

Beccaria, et, après lui, M. Livingston, ont dit que les crimes ne sont jamais plus féroces que quand ils sont punis par de féroces châtimens. Mais ce n'est pas, comme ils le pensent, la cruauté de la peine qui détermine la cruauté du forfait. L'une et l'autre sont causées par la rigueur des temps; et si la barbarie des lois est alors impuissante, leur indulgence le serait encore davantage. Il faut dire que les crimes, dans une époque de souffrance, sont cruels et nombreux, malgré la cruauté du châtiment ; de même que, dans une époque de bien-être, ils deviennent moins fréquens et moins farouches, malgré la douceur de la peine.

Ainsi que les crimes, les délits deviennent moins graves, et les prisons peuvent devenir moins rigoureuses. Premièrement, la vie commune étant plus douce, les prisons se trouvent, avec moins de rigueur, afflictives au même degré qu'autrefois ; et, secondement, elles ont à punir moins de perversité. C'est ici que les maisons pénitentiaires trouvent leur place ; et comme tout, dans le monde moral ainsi que dans le monde physique, est action et réaction, ces maisons, amendées par l'adoucissement des mœurs générales, amendent à leur tour les mœurs des coupables ; elles leur donnent des habitudes de travail, sèment dans leur cœur des conseils de morale ; et tandis qu'autrefois, sur cent détenus sortis de prison, la récidive en ramenait plus tard quatre-vingt-dix-huit, aujourd'hui, dans les pays où des maisons de ce genre sont établies, sur cent détenus libérés, il n'en rentre plus guère que deux.

Telle est donc la chaîne des faits : le travail et l'industrie ont amélioré le sort physique de la classe populaire ; il en est résulté un progrès intellectuel qui, à son tour, a perfectionné les mœurs.

Maintenant ce triple résultat combiné diminue de plus en plus la distance entre le dernier ordre de l'État et les classes supérieures. Or personne ne doute que la peine de mort n'aille bien au-delà de ce qui est maintenant nécessaire, même en cas de meurtre, pour satisfaire au sentiment d'indignation chez les classes élevées, et pour les détourner d'un pareil crime. On doit essayer si une peine non sanglante ne suffirait pas aussi pour apaiser la conscience de la classe populaire, et pour défendre la société contre un homme de cet ordre.

Plusieurs écrivains pensent que si la peine de mort a pu être supprimée pour un grand nombre de crimes non sanglans qu'elle frappait autrefois, elle ne pourra jamais disparaître en cas de meurtre, parce que, disent-ils, le sentiment naturel s'y oppose, et que le sang demande du sang. Oui, c'est là un besoin dans les temps malheureux, et c'est ainsi qu'a pris naissance la peine du talion. Mais tel n'est plus aujourd'hui le cri de la conscience publique; et si le meurtrier Castaing ou tout autre eût été plongé pour le reste de sa vie dans les horreurs d'un bagne, il est probable que l'indignation morale eût été satisfaite chez tous les ordres de la société.

Un indice auquel on peut reconnaître que la peine de mort dépasse le but aujourd'hui, et que par conséquent elle peut être suppléée par une peine inférieure, c'est la répugnance qui, sans qu'on y prenne garde, se prononce chaque jour de plus en plus contre les exécutions capitales. Lorsque le besoin de ces châtimens était profondément senti, les hautes classes mêmes de la société y assistaient en grande pompe. Les prêtres et les chefs de la Grèce, les augures et les consuls de Rome, le clergé et la noblesse de l'Europe moderne, ont présidé aux exécutions, et personne ne songeait à élever la voix, ni Socrate, ni Caton, ni Marc-Aurèle, ni Suger, ni Sully, ni d'Aguesseau. C'était au sort de la classe la plus nombreuse qu'on mesurait le châtiment de mort, et la dureté des temps empêchait qu'il ne révoltât les esprits.

Aujourd'hui ce ne sont pas seulement quelques philosophes, c'est le vulgaire même qui, à la vue du supplice capital, incline à la pitié, et désire dans son cœur une commutation de peine. Ce sentiment n'existerait pas si le dernier supplice était encore une impérieuse nécessité, et qu'il s'accordât mieux avec la douceur de la vie commune. La peine étant un accomplissement de l'ordre et un vœu de la raison, elle devrait faire éprouver aux spectateurs le calme d'un besoin moral satisfait. Or telle n'est pas l'émotion que vous trouverez dans l'ame de la multitude, au pied de l'échafaud : vous n'y verrez qu'un commencement de compassion, ou bien une curiosité qui cherche les impressions fortes, et à laquelle il ne faut pas donner d'aliment, parce qu'elle déprave celui qui s'y livre, et que plus on la satisfait, plus elle augmente. Les exécutions publiques aguerrissent donc le peuple à des spectacles de sang, qui ne tranchaient pas autrefois sur ses mœurs, et ne pouvaient le pervertir, quand sa vie se passait au milieu de rixes sanglantes, mais qui aujourd'hui l'endurcissent, quand ses habitudes tendent à s'adoucir, combattent le sentiment de la pitié, et retardent une amélioration morale qu'il faut au contraire s'efforcer de rendre plus facile et plus prompte.

Mais ici se présente une objection grave, et qui, au premier abord, semble insurmontable.

Comment, dira-t-on, pouvez-vous songer à supprimer la peine de mort, lorsqu'en présence de ce châtiment se commettent encore les crimes qu'il est chargé de prévenir? Ne faudrait-il pas plutôt l'aggraver? Voici notre réponse : Lorsqu'un supplice suffit au cri de la conscience générale, il suffit à la défense de la société contre le plus grand nombre des citoyens. En effet, puisque chacun estime que le criminel est assez puni par telle peine, c'est que chacun la redoute, et que nul ne voudrait s'y exposer. Si, par exemple, de nos jours le tourment perpétuel des travaux forcés suffisait pour apaiser l'indignation, même en cas de meurtre, c'est que le plus grand nombre des citoyens regarderait ce châtiment comme un grand mal, et par conséquent pourrait être contenu par la crainte de le subir. Or il suffit que la société soit défendue ainsi contre le plus grand nombre, et la pénalité ne doit avoir et n'a jamais eu en effet d'autre but; elle fut toujours impuissante à obtenir un plus large résultat. La mort, même aggravée par des tortures, n'a pu suffire contre tous, ce qui n'a pas empêché de la dégager de son affreux cortège, et ce qui ne doit pas empêcher de la supprimer elle-même, si un châtiment plus doux paraît suffire contre le plus grand nombre. Si l'on voulait porter plus loin la défense sociale, on

ne saurait où s'arrêter; car il est des criminels, heu-
reusement en fort petit nombre, que les plus affreux
supplices n'effraieront jamais, et contre lesquels la
société ne peut être défendue : c'est ce que l'histoire
a prouvé. Ceux-là il faut les subir, comme les orages
et les incendies; le principe de la défense sociale est
impuissant contre eux; mais le principe de mérite et
de démérite ou de justice distributive conserve toute
sa force. Quand la masse populaire est au comble de
la souffrance, la justice veut que ces hommes meurent; mais quand la multitude est heureuse, c'est
assez qu'ils soient malheureux. En effet, ils ont mérité de souffrir plus que les innocens, et non préci-
sément de mourir.

CHAPITRE V.

DU CHATIMENT QU'ON PEUT SUBSTITUER IMMÉDIATEMENT A LA
PEINE DE MORT.

L'AMÉLIORATION du sort commun, sous le rapport physique, intellectuel et moral, permet de déployer moins de rigueur pour accomplir le principe de mérite et de démérite, et pour défendre la société contre le plus grand nombre ; je pense donc qu'on peut descendre d'un degré l'échelle des châtimens, et substituer à la peine capitale, pour les cas où elle est encore prononcée, celle qui la suit immédiatement dans les codes. Cette peine inférieure ne s'appliquerait plus aux crimes qu'elle punit aujourd'hui, et qui seraient à leur tour frappés par le châtiment du degré voisin, et ainsi de suite pour toute la série des crimes, délits et contraventions, dont les deux dernières classes seraient confondues en une seule. En France, on n'a qu'à décrire et à publier le supplice des travaux forcés, qu'à montrer cette vie de douleur et d'infamie infligée aux forçats ; ces travaux sous les fers, en présence du mépris public, et dans les angoisses du remords ; ces alimens grossiers ; ces vêtemens qui défendent mal du froid ; ce dur plancher sur lequel on étend le soir les coupables, étroitement serrés les uns contre les autres ; cette longue et lourde chaîne qu'on passe alors dans les anneaux de leur ceinture, qu'on fait peser sur eux, et qu'on scelle aux deux extrémités du lit-de-camp ; enfin même ces civières fermées dans lesquelles on les transporte à l'hôpital, et ces sellettes isolées au milieu des salles de l'hospice, où le forçat souffrant est encore enchaîné, seul pendant la nuit, et loin des autres malades ; on n'a surtout qu'à faire ressortir la perpétuité de ces tortures, et je crois qu'il y en aura assez pour satisfaire à la conscience publique, même en cas de meurtre, et par conséquent pour détourner de ce crime le plus grand nombre des citoyens.

Je sais qu'un temps viendra où il ne sera même plus besoin d'un supplice éternel, où ce terrible mot de perpétuité excitera à son tour la répugnance générale, comme la peine de mort aujourd'hui. Mais avant d'arriver à cet heureux moment, il faut que le système des colonisations ou des maisons pénitentiaires ait été adopté d'abord pour les crimes inférieurs, et ait porté ses heureux fruits. Un accroissement de bonheur dans la destinée commune est nécessaire pour que cette condition laisse entre elle et le malheur un intervalle encore agrandi. L'éducation intellectuelle et morale, déjà commencée pour le peuple, a besoin d'être achevée. Le travail sera regardé un jour comme un devoir, et deviendra d'ailleurs le seul moyen de fortune et de considération ; alors la simple condamnation à l'oisiveté pourra former une véritable peine afflictive ; et la privation momentanée d'un seul de ses outils sera peut-être pour l'ouvrier un opprobre et un tourment. Cet âge d'or, placé dans l'avenir, et fils du travail, est moins chimérique que le siècle de paix et d'indolence qu'on prêtait aux temps passés, à ce monde naissant qui n'avait encore dompté ni les élémens, ni les animaux, ni la terre, et qui, au lieu de conduire mollement les brebis au murmure des fontaines, avec une houlette de bois odorant, devait plutôt fuir en alarme devant les troupeaux de léopards.

Mais on ne peut marcher que pas à pas. Ce n'est point quand on hésite encore sur la peine capitale, qu'on peut songer en France à rejeter déjà le châtiment qui la suit, dans la loi comme dans l'esprit du peuple. Aller plus loin serait risquer de ne plus suffire au principe de mérite et de démérite et à la sûreté générale. Mais je crois aussi qu'en descendant d'un seul degré au-dessous de ce qui est aujourd'hui le dernier supplice, on ne perdra aucune des efficacités qui s'attachaient à la peine de mort.

Bentham, qui, comme on sait, pousse assez loin l'analyse, attribue les cinq qualités suivantes à la peine de mort : 1° elle est exemplaire, c'est-à-dire qu'elle frappe vivement les esprits ; 2° elle enlève le pouvoir de nuire ; 3° elle est plus apparente que réelle ; 4° elle a de l'analogie avec le crime en cas de meurtre ; 5° elle est populaire dans ce cas. Or, 1° si, comme l'expérience le prouverait, je crois, le supplice perpétuel des travaux forcés suffisait, d'après l'adoucissement de la vie commune, pour apaiser le cri de la conscience publique, même dans le cas d'un grand crime, c'est que ce châtiment serait regardé comme un grand mal par la généralité des citoyens ; et par conséquent, environné de la publicité convenable, il frapperait vivement les esprits et serait exemplaire. 2° Il *ôte suffisamment le pouvoir de nuire* par les fers et les chaînes dont il charge les condamnés. 3° La mort n'est pas le seul mal qui soit *plus apparent que réel*. Bentham et Beccaria ont montré avec une admirable sagacité, ainsi qu'on le verra plus bas, comment l'esprit humain s'accommode à la douleur, et le châtiment que je propose, comme toutes les misères de la vie, effraie encore plus l'imagination, quand il est à venir, qu'il n'affecte la sensibilité quand il est présent ; toute peine est plus vive en appréhension qu'en souffrance. 4° La punition de mort avait, dit-on, en cas de meurtre, de *l'analogie avec le crime* qu'elle punissait. Mais la peine du talion, impossible pour la plupart des cas, ne mériterait pas l'honneur d'être conservée pour un seul. Elle n'est d'ailleurs un besoin que dans les temps barbares. Au milieu d'une existence douce et tranquille, si une peine paraît assez rigoureuse à la généralité, on s'embarrassera peu qu'elle ne soit pas analogue au crime ; et d'ailleurs, dans le cas même du meurtre, il n'existe entre ce crime et la peine capitale qu'une analogie grossière et qui tombe au moindre examen. L'effusion du sang présente seule une ressemblance : mais la perte de la vie n'est pas semblable pour le riche et le pauvre, le puissant et le faible, l'ouvrier et le mendiant, l'adolescent et le vieillard, l'homme sain et le malade, l'époux et le veuf, le père et l'homme sans enfans, le fils et l'orphelin. 5° Quant à la *popularité* d'une peine, c'est-à-dire à l'approbation que le peuple lui donne, cet avantage ne tient pas, comme le pense Bentham, à l'analogie physique du châtiment avec le crime. C'est assez que la peine fasse éprouver au coupable un sort plus rigoureux que la vie commune, pour que l'indignation publique soit apaisée, et pour que le plus grand nombre soit détourné de suivre un criminel exemple. Dès que le châtiment atteint ce double résultat, il est approuvé du peuple et devient sur-le-champ populaire.

Il s'agit donc d'éprouver si, attendu l'amélioration physique, intellectuelle et morale, la peine perpétuelle des travaux forcés ne suffirait pas aujourd'hui, en cas de crime capital, 1° pour accomplir le principe de mérite et de démérite ; 2° pour détourner d'un crime capital le plus grand nombre des citoyens. C'est à ces termes que se réduit, selon moi, toute la question. Il s'agit d'une expérience : si elle n'a pas de succès, si nous nous apercevons que la conscience publique ne soit pas satisfaite et que la société soit mal défendue, si le peuple murmure, s'il poursuit le condamné de ses cris, s'il lui jette sur la tête la fange des chemins, ou le meurtrit de ses coups, on dira au peuple de faire place, et on redressera l'échafaud.

CHAPITRE VI.

DE tout ce qui précède il résulte que la question
de la peine de mort n'est pas pour moi un problème
qu'on puisse résoudre *à priori*, indépendamment des
temps et des lieux, comme le droit même de punir ;
mais qu'elle est simplement un degré physique de la
pénalité, qu'on atteint, qu'on dépasse, ou au-dessous
duquel on s'arrète, suivant les conditions physiques
des siècles et des pays.

Je ne me trouve donc d'accord ni avec ceux qui
admettent la peine de mort pour tous les temps, ni
avec ceux qui la rejettent pour toutes les époques de
l'histoire. Ceux qui, approuvant la peine de mort
pour les temps anciens, veulent la conserver aujour-
d'hui, donnent pour raison 1° le danger d'innover,
2° le besoin du sang pour punir un crime sanguinaire, 3° l'impuissance même actuelle de la peine de
mort en certains cas. Ma réponse a été : 1° les grandes
révolutions qui font de la race humaine une innovation continuelle, et forcent d'innover ; 2° le témoignage de la conscience publique, qui n'a plus besoin
de la peine du talion, et l'inexactitude de l'analogie

dans tous les cas; 5° enfin la suppression qu'on a faite des supplices cruels de l'antiquité, bien qu'on vît des criminels braver encore ces barbaries de la loi. Examinons maintenant les motifs de ceux qui, blâmant la peine de mort en général, la réprouvent aussi pour les malheureux temps qui ont précédé les nôtres. A la tête de ces philosophes se présente Beccaria. Il est pour ainsi dire le patron des ennemis de la peine de mort; ceux qui lui ont succédé dans l'arène n'ont fait que ressaisir ou retremper ses armes. Ce publiciste blâme la peine capitale en elle-même, et ne l'excuse à aucune époque. « L'histoire des hommes, « dit-il, est un immense océan d'erreurs, où l'on « voit surnager çà et là quelques vérités mal con- « nues. Que l'on ne m'oppose donc point l'exemple « de la plupart des nations, qui, dans presque tous « les temps, ont décerné la peine de mort contre cer- « tains crimes : car ces exemples n'ont aucune force « contre la vérité, qu'il est toujours temps de re- « connaître. »

Si Beccaria rejette la peine capitale, ce n'est pas qu'il l'accuse de cruauté, car il propose de la remplacer par un supplice qu'il regarde comme plus cruel. « On envisage souvent la mort d'un œil tran- « quille et ferme, dit-il, les uns par fanatisme, d'au- « tres par cette vanité qui nous accompagne au-delà « même du tombeau; quelques-uns, désespérés, fa- « tigués de la vie, regardent la mort comme un « moyen de se délivrer de leur misère Mais le fana- « tisme et la vanité s'évanouissent dans les chaînes,

« sous les coups, au milieu des barreaux de fer. *Le*
« *désespoir ne termine pas leurs maux, il les com-*
« *mence. Notre ame résiste plus à la* violence des
« douleurs extrêmes qui ne sont que passagères qu'au
« temps et à la continuité de l'ennui. Toutes les
« forces de l'ame, en se réunissant contre des maux
« passagers, peuvent en affaiblir l'action ; *mais tous*
« *ses ressorts finissent par céder à des peines lon-*
« *gues et constantes.* »

Ainsi, la nécessité d'infliger le mal au méchant
n'est pas mise en doute par Beccaria ; mais il veut
que ce mal, fût-il plus atroce, soit tout autre que la
mort, parce qu'il ne la condamme que comme violation de droit ; et voici comment il essaie de dé-
montrer cette violation : « La souveraineté et les
« lois ne sont que la somme des petites portions de
« liberté que chacun a cédées à la société. Elles re-
« présentent la volonté générale, résultat de l'union
« des volontés particulières. Mais qui jamais a voulu
« donner à d'autres hommes le *droit* de lui ôter
« la vie ? Et doit-on supposer que, dans le sacrifice
« que chacun a fait d'une partie de sa liberté, il ait
« pu risquer son existence, le plus précieux de tous
« les biens. »

Dans le cas même où le droit de punir ne résulte-
rait que du consentement exprès ou tacite de tous
les hommes, Diderot aurait fort bien répondu à cet
argument par ces mots : « C'est parce que la vie est
« le plus grand de tous les biens, que chacun a con-
« senti que la société eût le droit de l'ôter à celui qui

« l'ôterait aux autres. Personne sans doute n'a voulu
« donner à la société le droit de lui ôter la vie à tout
« propos; mais chacun occupé de conserver la sienne,
« et aucun ne prévoyant pour lui-même la volonté
« qu'il n'avait pas alors d'attenter à celle d'autrui,
« tous n'ont vu que l'avantage de la peine de mort
« pour la sûreté, la défense et la vengeance pu-
« blique. Il est aisé de concevoir que l'homme qui
« dit : Je consens qu'on m'ôte la vie si j'attente à la
« vie des autres, se dit à lui-même : Je n'y attenterai
« pas. Ainsi la loi sera pour moi et ne sera pas contre
« moi. Ce pacte est si bien dans la nature, qu'on
« le fait souvent dans des sociétés particulières,
« comme les conspirations, où l'on jure de se bai-
« gner dans le sang de celui qui révélera le secret.
« Quant à la justice de cette peine, elle est fondée
« sur la convention et sur l'utilité commune. Si elle
« est nécessaire, elle est juste. Il reste à savoir si elle
« est nécessaire. »

Je crois devoir dire maintenant, contre Beccaria
et contre le philosophe qui vient de m'aider à le combattre, que ce n'est pas la volonté générale qui fonde
la justice. En effet, les choses ne sont pas justes par
cela seul qu'on les veut, et injustes par cela seul
qu'on ne les veut pas : il faut encore que le consentement donné ou refusé soit lui-même conforme à la
justice. Justice et volonté sont donc fort diffé-
rentes entre elles ; et quand on discute sur des droits,
ce n'est pas de volonté, mais de justice, qu'il faut
argumenter.

Mais je sais que ce consentement public dont on parle et qu'on suppose donné jadis dans une assemblée générale, au sortir des forêts, n'est qu'une brillante métaphore sous laquelle on désigne la voix secrète de la conscience publique, cette voix qui, à chaque instant, témoigne de ce qui est juste et de ce qui ne l'est pas ; et voilà pourquoi, selon le langage intérieur que chacun croit reconnaître en soi et dans les autres, on déclare que la volonté générale a dû prescrire telle ou telle loi. En effet, Beccaria dit plus loin que, « dans une partie reculée de notre ame, où les prin-« cipes naturels ne sont point encore altérés, nous « retrouvons un sentiment qui nous crie qu'un « homme n'a aucun droit légitime sur la vie d'un « autre homme. » Un rédacteur du journal philoso-phique *le Globe* (1) paraît partager cette opinion, et insinue « qu'indépendamment de toute expérience, la « peine de mort doit être supprimée, non pas comme « inefficace ou superflue, mais comme illégitime,.... « comme moralement mauvaise, en ce qu'elle blesse le « sentiment ou la justice, le cœur ou la conscience, la « nature ou la loi de Dieu. » Ainsi nous voilà donc arrivés à discuter la justice ou la conscience, ce fon-dement sur lequel j'ai appuyé moi-même et la société et la pénalité. Or cette conscience nous dit-elle réel-lement qu'un homme, dans aucun cas, n'ait aucun droit légitime sur la vie d'un autre homme ? Ne pro-clame-t-elle pas au contraire que, si un agresseur

_____

(1) Voyez le numéro du 23 septembre 1826.

attente à ma sûreté, j'ai le droit de le repousser, fût-ce par la mort, quand tout autre moyen est impuissant; et n'en est-il pas résulté cet axiome si connu, si vulgaire, que le meurtre est légitime en cas de légitime défense. La question revient donc encore à savoir si la peine de mort a été nécessaire pour la défense de la société, et dès-lors elle déchoit du rang de question *à priori* que certains philosophes lui décernent, et ne peut être jugée que par les faits. De plus, ce témoignage intime et général, cette conscience que j'invoque comme vous, ne proclame-t-elle pas qu'aux citoyens coupables appartient un sort plus rigoureux qu'aux citoyens innocens? Quelle peine donc réserverez-vous aux criminels, si les gens de bien voient la mort attachée à leurs pas, et si la vie qu'ils mènent vaut à peine mieux que la mort? Il faut prouver qu'une pareille misère est impossible dans tous les temps et dans tous les lieux, en vertu d'un principe invariable et universel comme la raison, ou reconnaître qu'ici encore la question de la peine de mort est subordonnée aux faits. Elle est donc de toutes parts repoussée dans la foule des questions *à posteriori*. Or, à ces époques dont je n'ai présenté qu'un trait mesquin et affaibli, loin d'en avoir exagéré le tableau, la mort était si familière à tous, qu'un châtiment plus doux n'aurait ni apaisé la conscience publique, ni protégé la société contre la classe la plus nombreuse, dont la condition, je le répète, doit servir de mesure au châtiment, pour qu'il ne soit pas par hasard plus doux que la vie commune.

Beccaria, fermant les yeux sur toutes les époques de l'histoire, propose de substituer à la peine de mort un *esclavage perpétuel*. Il regarde même ce châtiment comme plus rigoureux que le dernier supplice, et j'ai cité les phrases où il développait cette opinion. Il prétend, par le même motif, que cet esclavage serait plus exemplaire. « Le spectacle affreux, « mais momentané, dit-il, de la mort d'un scélérat, « est pour le crime un frein moins puissant que le « long et continuel exemple d'un homme privé de sa « liberté, devenu en quelque sorte *une bête de* « *somme*, et réparant par des travaux pénibles le « dommage qu'il a fait à la société. Ce retour fré- « quent du spectateur sur lui-même : *Si je com-* « *mettais un crime, je serais réduit toute ma vie* « *à cette misérable condition*, cette idée terrible « épouvanterait plus fortement les esprits que la « crainte de la mort, qu'on ne voit qu'un instant, « dans un obscur lointain qui en affaiblit l'horreur » Je lui opposerai pour la seconde fois Diderot, qui répond avec raison : « Encore faut-il observer que cet « esclavage ne sera un supplice effrayant que dans un « pays où l'état du peuple sera doux et commode. « Car si la condition des innocens était presque aussi « pénible que celle des coupables, les souffrances de « ceux-ci ne paraîtraient plus un supplice, et des mal- « heureux, presque aussi à plaindre, n'en seraient « point effrayés. »

En effet, aurait-on jamais regardé l'esclavage comme le dernier supplice dans les temps où la portion la plus nombreuse de l'espèce humaine n'avait pas d'autre condition ? Quelle ressource restait-il donc, puisqu'une servitude perpétuelle, changeant l'homme en *bête de somme*, était le sort du plus grand nombre, et que c'est là le supplice qui, dans nos idées, suit immédiatement la peine capitale ?

Mais on voudra peut-être opposer que l'esclavage perpétuel est plus cruel que la mort, et qu'il aurait présenté du moins pour les hommes libres de l'antiquité un châtiment plus efficace que le trépas. « L'expérience de tous les siècles, dit Beccaria, « prouve que la peine de mort n'a jamais arrêté des « scélérats déterminés à nuire ; mais il n'y a point « d'homme qui puisse balancer entre le crime, quelque « avantage qu'il s'en promette, et *le risque de* « *perdre à jamais sa liberté*. » Or j'admets aussi l'existence de ces scélérats déterminés que la peine de mort n'arrêtait pas ; mais je crois que la servitude les eût moins arrêtés encore. Et en effet, dans toute l'antiquité, la *perte de la liberté* était à chaque instant prononcée comme peine contre les délits inférieurs, et par conséquent elle n'arrêtait pas les coupables. Du temps même où Beccaria écrivait, une foule de malfaiteurs se faisaient condamner aux galères perpétuelles. Comment donc suppose-t-il qu'on ne pourrait balancer entre le crime et *la perte de la liberté ?* Voici, au reste, comment Bentham réfute sur ce point le philosophe de Milan : « Beccaria « pense que la durée de la peine fait plus d'impres- « sion sur les hommes que son intensité..... Quelque

« respectable que soit l'autorité de ce philosophe,
« je suis disposé à croire qu'il se trompe, et je me
« fonde sur deux observations : 1° Relativement à la
« mort en général, il paraît que les hommes la regar-
« dent comme le plus grand des maux, et qu'on se
« soumet à tout pour y échapper. 2° Relativement à
« la mort pénale, la disposition universelle est de
« l'accuser d'un excès de sévérité. Aussi voit-on fré-
« quemment en Angleterre les jurés solliciter, comme
« acte de merci, la substitution de toute autre peine,
« quelque sévère qu'elle soit quant à la durée. »

Indépendamment de l'axiome *plutôt souffrir que
mourir*, qui dément la proposition de Beccaria, il
a pris soin de se réfuter lui-même sur ce sujet; car,
en avocat habile, qui présente des argumens pour
tous les genres d'esprit, il avance d'une part que
l'esclavage est plus cruel que la mort, voulant leurrer
par là ceux qui aiment la cruauté dans les peines ;
mais ensuite il rassure ses cliens en leur faisant entendre qu'au fond l'esclavage est moins rigoureux.
Malheureusement le public a sous les yeux les deux
parties du mémoire, et peut y trouver quelque con-
tradiction. Ainsi, lorsqu'on aperçoit d'un côté les
phrases que j'ai rapportées sur la dureté de l'esclavage, et celle-ci entre autres : « *Le fanatisme et la
« vanité s'évanouissent dans les chaînes, sous les
« coups, au milieu des barreaux de fer; le dés-
« espoir ne termine pas leurs maux, il les com-
« mence,* » on trouve immédiatement, sur le revers
du feuillet : « En rassemblant en un point tous les

« momens malheureux de la vie d'un esclave, sa vie
« serait peut-être plus horrible que les supplices les
« plus affreux ; mais ces momens sont répandus sur
« tout le cours de son existence, au lieu que la peine
« de mort exerce toutes ses forces en un seul in -
« stant..... *Celui qui s uffre trouve dans son ame,*
« *endurcie par l'habitude du malheur, des conso-*
« *lations et des ressources* que les témoins de ces
« maux ne connaissent point, parce qu'ils jugent
« d'après leur sensibilité du moment. »

Ainsi évidemment l'esclavage n'est pas un supplice plus rigoureux que la peine de mort : il ne saurait par conséquent devenir plus exemplaire. Et,
dans les temps où la mort était encore une nécessité,
dans les temps où elle suffisait à peine, l'esclavage
n'aurait pu la remplacer. Beccaria nous a démontré
lui-même comment l'habitude du malheur finit par en
émousser le sentiment, et comment la mort frappe
un plus terrible coup Aussi, se pénétrant toujours
de plus en plus de cette idée, il en vient à dire « que
« la peine de mort est funeste à la société par les
« exemples de cruauté qu'elle donne. » Et il ajoute
plus loin « que les lois qui prescrivent cette peine ne
« sont que le masque de la tyrannie ; que les forma-
« lités cruelles et réfléchies de la justice ne sont qu'un
« *prétexte* pour nous immoler avec plus de sécurité,
« comme des *victimes* dévouées en sacrifice à *l'insa-*
« *tiable despotisme.* » Ici même je crois être obligé
d'arrêter le philosophe, qui me paraît aller trop loin
dans le sens opposé à son premier avis. Si la peine

de mort donne des exemples de cruauté au milieu
de nos mœurs adoucies, elle n'a pas le même vice
au sein des sociétés barbares, où le glaive est dans
toutes les mains et punit la moindre injure : alors
elle ne fait pas contraste avec les habitudes populaires. Quant à la seconde phrase, où l'auteur parle
de *prétexte*, de *despotisme* et de *victimes*, on voit
qu'emporté par son cœur, il a cru parler pour des
innocens, et non pour des coupables. C'est ce qui
arrive, au reste, assez souvent dans les discussions
sur la peine de mort. On oublie qu'il s'agit de meurtriers en lutte contre une société innocente ; on garde
toute sa sympathie pour les premiers, toute sa colère
contre la seconde, comme s'il était question d'innocens condamnés par des meurtriers, ce qui change-
rait tout-à-fait la thèse. Non, le juge qui, dans des
temps de souffrance publique, repousse une attaque
antisociale par la seule voie ouverte alors, n'est pas
un insatiable despote, car le sang ne fait ni son
profit ni sa joie. L'assassin et l'incendiaire, qui aggravent les maux de la société, ne sont pas des *victimes dévouées*, et la publicité du châtiment ne peut
pas être appelée un *prétexte*.

Mais, au milieu des contradictions du philosophe
italien, reste-t-il du moins cela de constant, que,
cruelle ou non, il rejette la peine de mort dans tous
les cas, comme contraire au droit naturel? Point du
tout. Il se relâche à ce sujet même de la rigueur de
ses principes ; il avance que la mort peut être nécessaire dans deux circonstances : « Premièrement, dans

« les momens où une nation est sur le point de re-
« couvrer ou de perdre sa liberté..... ; secondement,
« lorsqu'un citoyen, quoique prisonnier, peut en-
« core, par ses relations et son crédit, porter quelque
« atteinte à la sûreté publique; lorsque son existence
« peut produire une révolution dangereuse dans le
« gouvernement établi. »

Mais quoi ! ce citoyen n'a-t-il pas été partie au
contrat primitif ? « *A-t-il donc donné à d'autres*
« *hommes le droit de lui ôter la vie, et doit-on*
« *supposer que, dans le sacrifice que chacun a*
« *fait d'une partie de sa liberté, il ait pu risquer*
« *son existence, le plus précieux de tous les*
« *biens ?* » Il n'y a donc point pour lui, « *dans une*
« *partie reculée de notre ame, ces principes natu-*
« *rels qui nous crient qu'un homme n'a aucun*
« *droit légitime sur la vie d'un autre homme ?* »
et enfin, ce malheureux ne sera donc point, s'il
périt, « *une victime dévouée à l'insatiable despo-*
« *tisme ?* »

Je ne considère pas si cette exception est bien
choisie : il me suffit que vos principes se taisent dans
un cas; ils pourront se taire dans beaucoup d'autres;
on ne peut plus les nommer universels. Il ne s'agit
que d'examiner s'il est nécessaire ou non, dans tel
ou tel cas, d'écouter les principes, et la question
retombe encore ici parmi les questions de fait.

Non, l'illégitimité de la peine de mort n'est point
un principe universel, un principe rationnel. Les
principes rationnels ne sont pas soumis à la règle de

la perfectibilité, et découverts successivement dans la série des âges. Ils ont apparu au premier jour du monde, et brilleront jusqu'au dernier. Les anciens savaient comme nous que tout changement veut une cause; que le tout est plus grand que la partie; que le bien général doit passer avant le bien d'un seul; que la force peut être repoussée par la force; qu'au démérite est dû le châtiment, et qu'il n'est point de châtiment si le coupable n'est pas plus malheureux que l'innocent. Voilà des principes universels, éternels, immuables : tous les temps et tous les lieux les ont connus et pratiqués. Hors des principes de ce genre, qu'il suffit d'énoncer pour les faire comprendre, tout retombe dans les évaluations, dans les calculs du matériel de ce monde. Il n'est point vrai, Beccaria, « que c'est le sort des grandes vérités de « briller avec la durée de l'éclair, et que le temps « n'a pas encore été où la vérité chassera l'erreur. » La vérité morale est de tous les temps, et il n'est pas de principe universel qui soit né seulement d'hier.

Le monde physique change et se renouvelle; il se perfectionne, parce que le bien matériel naît à mesure. Mais la raison est éclose tout entière le même jour; elle n'est pas perfectible, parce qu'elle ne peut varier.

Le philosophe milanais avait mieux apprécié, selon moi, les choses d'ici-bas, quand il disait, dans le chapitre qui précède immédiatement celui de la peine de mort : « Je finis par cette réflexion, que la

« rigueur des peines *doit être relative à l'état actuel*
« *de la nation.* Il faut des impressions fortes et ter-
« ribles pour frapper l'esprit grossier d'un peuple
« qui sort de l'état sauvage, il faut un coup de ton-
« nerre pour abattre un lion furieux que le coup de
« fusil ne fait qu'irriter. Mais à mesure que les ames
« s'adoucissent dans l'état de société, l'homme devient
« plus sensible, et si l'on veut conserver les mêmes
« rapports entre l'objet et la sensation, les peines
« doivent être moins rigoureuses. »

Si je passe aux autres philosophes, je trouve que
le petit nombre de motifs qu'ils ont ajoutés à ceux
de Beccaria ne peuvent être admis contre la peine
de mort en thèse générale, et indépendamment des
temps et des lieux. « La punition de mort ne se gra-
« due point, allègue Diderot : c'est la cessation de la
« vie et pour l'enfant de dix-huit ans et pour l'homme
« de soixante. Cela n'est pourtant pas indifférent. »
Dans les temps malheureux, où la société n'a que la
mort pour repousser les grands crimes, on ne peut
que répondre : Le jeune homme avait démérité plus
tôt; le vieillard a été vertueux quarante-deux ans
de plus ; il a mérité de les vivre. D'ailleurs l'inégalité
de la peine pour des âges différens se retrouverait
encore dans la perte de la liberté.

L'abbé Morellet oppose que la peine de mort est
irrémissible, et ne peut se réparer si l'on vient à
découvrir l'erreur du juge. D'abord cet argument
tombe en cas de flagrant délit ; et, dans les autres
cas, lorsqu'une peine moindre que la mort mettrait

le coupable dans une position égale ou peut-être su-
périeure à celle des innocens, voici ce qu'on peut
répondre avec Bentham. « Il faut considérer que la
« sûreté a deux branches, sûreté contre les erreurs
« et les transgressions de la justice, sûreté contre les
« délits. Si on ne peut obtenir cette dernière qu'aux
« dépens de l'autre, il n'y aurait pas à balancer. Pour
« les délits, qui avez-vous à craindre? tous ceux qui
« en sont capables, c'est-à-dire tous les hommes et
« dans tous les temps. Pour les erreurs et les trans-
« gressions de la justice, ce sont des exceptions, des
« cas accidentels et rares. »

J'arrive à Bentham ; car, pour ne pas traîner en
longueur, je suis obligé de passer d'autres noms sous
silence. Ce philosophe, sans contredit le plus habile
de l'école de l'intérêt, déduisant et adoptant avec
une justesse admirable les conséquences d'un principe qui, je crois, n'est pas juste, a compris que,
dans son système, la société n'étant qu'un assemblage
de pièces matérielles, il ne devait raisonner de la pénalité que matériellement ; et il ne prend pas d'autre
voie pour demander la suppression de la peine de
mort. Les autres publicistes nous ont parlé de droit,
de justice ; ils ont senti qu'il y avait pour l'homme
une obligation intérieure, un devoir social écrit dans
la conscience ; et leur faute est, selon moi, d'en avoir
trop étendu la limite. Bentham, comme son école,
tombe dans l'excès contraire. Il n'y a d'autre devoir
ici-bas que celui qu'on nous impose par la force ; il
n'y a point de voix secrète qui veuille que le mé-

chant soit plus malheureux que le bon ; la pénalité n'a pas de but moral. Ici on ne reproche pas à la peine de mort d'aller au-delà de ce qu'il faut pour satisfaire la conscience publique, et de devenir par là une injustice : on lui trouve seulement quelques inconvéniens physiques.

Or je dois dire que ces inconvéniens ne sont pas non plus de tous les temps, de tous les lieux, et qu'on n'en peut tenir compte devant la nécessité qui pousse à des peines sanglantes les sociétés encore barbares ou peu développées. Qu'importe, en effet, quand la mort est la seule ressource, que cette peine ne soit pas « *convertible en profit pour la partie* « *lésée*, » ou même « *qu'elle soit une dépense pour* « *l'État ?* » Lorsqu'on repousse de vive force l'attaque d'un brigand dans un bois, on s'inquiète peu de ce qu'on ne pourra pas réclamer de dommages et intérêts, et de ce qu'on fait le sacrifice de la laine qu'il aurait pu carder en prison. Outre ces deux reproches que Bentham fait de lui-même à la peine de mort, il en répète deux autres dont nous nous sommes déjà occupés : l'un de l'abbé Morellet, *c'est que la peine de mort n'est pas rémissible ;* mais Bentham m'a fourni lui-même ma réponse contre cet argument : *il faut préférer la sûreté contre le délit à la sûreté contre l'erreur du juge ;* l'autre, emprunté en partie à Beccaria, « *c'est que l'emprisonnement perpétuel* « *et laborieux* ferait une impression plus profonde « que la peine capitale sur l'esprit des grands malfai- « teurs. » Bentham restreint aux grands malfaiteurs

le fait que le philosophe italien appliquait au vulgaire
des criminels. Mais je ne crois pas que ces scelérats
déterminés eussent été plus touchés d'un emprisonnement laborieux que de la mort, dans un temps où
la première de ces deux peines n'aurait tout au plus
représenté que la condition des ilotes ou des esclaves
romains. Et d'ailleurs, si l'emprisonnement perpétuel était plus dur que la mort, le prisonnier ne se
tuerait-il pas dans sa prison? Il n'est donc pas possible de lui infliger un châtiment plus rigoureux que
le trépas, puisqu'il serait toujours libre de recourir
à la mort. A cela Bentham répond : « Souffrir plutôt
« que mourir sera la devise du malfaiteur condamné
« à d'autres peines que la mort... On observe dans
« l'esprit humain, de même que dans l'organisation
« physique, une étonnante aptitude à se prêter aux
« situations les plus fâcheuses... Toutes les peines
« ont leur moment de relâche, et, sur le seul effet
« du contraste, ces adoucissemens passagers devien-
« nent des plaisirs très-vifs. Combien d'hommes,
« tombés du faîte des grandeurs dans un abîme de
« misères, ont sevré leur ame par degré de toutes
« les jouissances d'habitude, et se sont créé de nou-
« velles ressources. L'araignée du comte de Lauzun,
« les ouvrages de paille de Bicêtre, les petits chefs-
« d'œuvre d'industrie et de patience des prison-
« niers de guerre français, et tant d'autres exemples
« connus de tout le monde, justifient cette obser-
« vation. »

Si ce raisonnement est fondé, Bentham suppose

un malfaiteur qui n'a pas reculé devant l'emprisonnement perpétuel, puisqu'il s'est fait condamner à
cette peine, et qui recule devant le trépas. La perte
de la vie est donc pour ce coupable plus redoutable
encore que la prison. Et qu'on ne dise pas qu'il faut
plus de résolution pour se donner la mort que pour
se la laisser infliger : des criminels ont souvent eu
recours au suicide pour éviter l'exécution, et c'est
une précaution ordinaire que d'enlever aux condamnés à mort tout moyen d'attenter à leurs jours.

Ce n'est donc pas comme plus rigoureux ni comme
plus redoutable qu'il faudrait substituer à la mort
l'emprisonnement perpétuel, mais comme suffisant
aujourd'hui à la conscience publique et à la défense
générale de la société. *Souffrir plutôt que mourir*
est la devise de tous les hommes, même des grands
malfaiteurs, et la captivité laborieuse, la servitude
perpétuelle, les aurait encore moins arrêtés que la
mort, dans les temps où la vie du plus grand nombre
était une laborieuse captivité et une perpétuelle servitude.

Au surplus, quoique Bentham n'ait pas envisagé
du côté historique la question spéciale de la peine
de mort, je pense que ce point de vue, s'il se fût
offert par hasard à son esprit, eût modifié son opinion. J'en prends à témoin cette phrase où le philosophe dit, en parlant des peines en général : « Il est
« certain que les peines, pour être efficaces, doivent
« avoir *une proportion avec l'état moyen de jouis-*
« *sance des individus.* »

Je crois pouvoir avancer le même jugement sur Montesquieu, qui explique en ces termes les modifications apportées par les temps à la pénalité : « Dans « les pays despotiques *on est si malheureux*, que « l'on y craint plus la mort que l'on ne regrette la « vie. *Les supplices doivent donc être plus rigou-* « *reux* » (et il entend ici plus rigoureux que la mort). « Dans les états modérés, on craint plus de perdre « la vie qu'on ne redoute la mort en elle-même ; *les* « *supplices qui ôtent simplement la vie* y sont donc « *suffisans.* »

Ces deux philosophes, après un pareil aveu, s'élèvent contre les gouvernemens qui aggravent par eux-mêmes les malheurs des peuples, et amènent la nécessité d'aggraver les châtimens. C'est ce qui arrive, dit-on, aujourd'hui pour l'Irlande. Là, par suite d'une mauvaise administration, des familles entières couchent dans des caves ou sur le pavé des rues, en proie à la fièvre et à la faim, et le bourreau a beaucoup à faire. Mais ce qu'il fallait reconnaître, c'est qu'avant l'entier développement de la société, avant la propagation du travail, de l'industrie et des lumières, progrès qui ne s'accomplit que par une longue suite de siècles, la misère, la souffrance et la mortalité tiennent à la force des choses, et non au caprice de la loi.

Ce que j'ai voulu montrer, c'est que la peine de mort n'est pas interdite par la conscience, en thèse générale, indépendamment des temps et des lieux, comme attentat contre les jours d'autrui. Si le devoir nous défendait de porter, en aucun cas, la main sur la vie de notre semblable, il nous défendrait aussi d'attenter à sa liberté, à ses biens, à son honneur. Aucune peine ne serait donc possible ; car comment punir sans toucher à aucun de ses biens. On ne fait pas attention que la société n'a de devoirs qu'envers l'innocent, c'est-à-dire envers celui qui accomplit lui-même ses devoirs envers la société. Mais les devoirs violés font perdre les droits, et appellent les châtimens. La perte de la vie n'est qu'un degré physique de la pénalité, comme la perte de la liberté ou des biens. Ce degré n'est pas le dernier de l'échelle ; car on peut le dépasser, comme on l'a fait en aggravant la mort par des tortures. Il ne faut donc pas le distinguer des autres, mais, comme ceux-ci, le mesurer avec les temps.

Presque jusqu'à nos jours, ce degré fut nécessaire pour apaiser la conscience publique contre les grands crimes, et pour les interdire à la classe la plus nombreuse de la société.

Aujourd'hui, l'accroissement du travail et une meilleure répartition de ses fruits, l'adoucissement de la vie moyenne jusque dans les derniers ordres du peuple, la culture de l'intelligence, l'amélioration des mœurs qui en est résultée, et par suite la prédominance de la raison sur les sens, tout cela change entièrement les proportions matérielles, et l'on peut diminuer la gradation physique des châtimens.

Aussi, quand j'arrive à notre époque, je reviens

au milieu des philosophes dont j'avais quitté les rangs, et je demande aujourd'hui, comme eux, pourquoi, lorsqu'il est permis d'éviter ce mal, conserver *une peine qui ne peut être remise* si l'on vient à reconnaître une erreur, fort rare, il est vrai, mais possible; une peine qui est *funeste par les habitudes de cruauté qu'elle entretient ou fait naître;* qui n'est pas *divisible,* et frappe du même coup des crimes souvent bien différens; qui ennoblit le méfait, pour ainsi dire, en donnant au malfaiteur un air d'intrépidité; qui déverse une portion d'intérêt sur le criminel, et voile ainsi la laideur du crime; qui ne tend pas à *l'amendement moral du coupable;* qui fait perdre à la société un membre *dont le travail forcé serait d'un profit utile, et le repentir d'un exemple salutaire;* qui peut être *un terrible précédent pour les temps de despotisme et d'anarchie;* qui, chaque jour, devient de moins en moins populaire; qu'on tente parfois d'éluder; qui, par conséquent, entraîne *le témoin à falsifier son témoignage, le juré à fermer les yeux et à prononcer contre sa conscience, le magistrat à ne point appliquer la loi et à laisser le crime impuni;* qui, par toutes ces causes, devient nuisible; et enfin, ajouterai-je, qui dépasse le besoin de la conscience publique, qui excède par conséquent le sort mérité par le criminel, et qui ainsi devient injuste.

CHAPITRE VII.

LA PEINE DE MORT DOIT-ELLE ÊTRE DE NOS JOURS SUPPRIMÉE
POUR CERTAINS CRIMES ET MAINTENUE POUR D'AUTRES?

QUAND je considère les temps passés, je combats les ennemis de la peine de mort; mais lorsque j'arrive à notre époque, je me vois forcé d'aller plus loin que mes adversaires dans leur propre opinion. Je pense, en effet, que le supplice capital peut être aujourd'hui supprimé dans tous les cas. Or, la plupart des philosophes, Beccaria, Rœderer, Bentham, reculent devant le conspirateur, et déclarent que la peine capitale doit être maintenue contre lui. Il leur semble qu'un chef de parti, du fond de son cachot, anime encore ses complices, que son nom seul renoue les trames rompues, et rallie un camp dispersé. De là on conclut que toute autre peine que la mort serait impuissante pour étouffer les restes d'une faction. Mais nous avons vu de notre temps une preuve assez remarquable du contraire. N'y a-t-il pas eu un homme qui parvint à mettre en insurrection un assez grand nombre de Français; qui les mena en armes contre le gouvernement; qui séduisit les soldats envoyés contre lui, et qu'on ne put réduire qu'avec des forces considérables? Eh bien, on le garda jusqu'à sa mort dans une prison étroite; on se contenta de disperser le reste de sa troupe, et le complot ne s'est pas renoué. Ce chef de faction , c'est Bonaparte sorti de l'île d'Elbe ; son complot, l'expulsion de la dynastie ; sa troupe, les bataillons qui devinrent les cent mille hommes de Waterloo; et la force nécessaire pour le réduire, la coalition de toute l'Europe. L'île Saint-Hélène a suffi contre lui, elle suffirait contre d'autres. Le plus vaste complot, la plus redoutable faction peut donc de nos jours, comme tout autre grand crime, être punie ou comprimée, de manière à ne plus renaître, par une réclusion sévère et complète.

Il est un système directement contraire à ce dernier : c'est celui qui exempte le conspirateur de la peine capitale, et veut cependant la maintenir contre les autres grands criminels. Ici l'on regarde le chef de parti dont l'entreprise est déjouée comme un vaincu qu'il faut désarmer, mais non punir. C'était un ennemi déclaré, et pour ainsi dire extérieur. On doit traiter avec lui comme de puissance à puissance. Mais celui qui tue ou vole à main armée conspire aussi contre *l'État* : par ce mot, en effet, on doit entendre *l'ordre social*, et non pas seulement les *surveillans de cet ordre*. La différence entre le conspirateur et l'assassin, c'est que l'un attaque le protecteur, et l'autre les protégés ; celui-là frappe à la tête, et celui-ci aux membres ; on peut dire que le premier est un malfaiteur public, et le second un conspirateur privé. Si quelque immunité peut s'attacher à l'un, elle doit plus justement profiter à l'autre, car son crime a moins de portée.

Mais, continue-t-on, l'homme qui entre dans un complot est entraîné par une erreur plutôt que par un intérêt; il croit servir la patrie, et d'ailleurs le plus souvent il appartient à une classe élevée, qui méprise la mort et n'est sensible qu'à l'infamie. Au contraire, l'homme qui vole ou qui assassine n'est jamais désintéressé, et il fait ordinairement partie de ces dernières classes du peuple qui n'entendent point la voix de l'honneur, et ne comprennent que les peines du corps.

Je ne veux point discuter le désintéressement de tous les conspirateurs passés et à venir; je dirai seulement que la question *intentionnelle* doit être scrupuleusement éclaircie pour tous les crimes, qu'ils soient publics ou privés. L'expérience nous montre que dans les conspirations, pour recruter ou encourager les affidés, on a soin de mettre leur intérêt privé d'accord avec l'intérêt public qu'on leur donne pour mot de ralliement. Il serait donc imprudent et injuste de supposer innocens *à priori* tous les conspirateurs, et de les exempter, à ce seul titre, d'une peine qu'on réserverait au reste des grands criminels. Il n'y aurait pas moins d'injustice et d'imprudence si, du seul caractère privé que présenterait un fait nuisible, on déduisait une intention coupable. Les auteurs et les affiliés d'un complot peuvent être souvent excusables; mais croyez que les autres criminels sont aussi quelquefois dignes de pardon. Si vous aviez pu descendre dans le cœur de l'homme qui commet un attentat secret, vous auriez

vu souvent quelles ténèbres s'étaient faites en lui ;
par quels prestiges, par quels sophismes sa raison
avait été séduite comme celle des malheureux qu'on
embauche dans une conspiration ; vous auriez vu
comment le coup qu'il a frappé lui a ouvert les yeux
à une lumière nouvelle ; comment lui-même alors
s'est accusé le premier ; comment enfin en réveillant
les bons germes semés par la nature dans le sein de
l'homme, on le prémunira contre les obsessions de
l'intérêt, qui l'entraînent dans les crimes privés
comme dans les crimes publics.

Dans le système auquel je réponds, on prétend
qu'il faut distinguer entre le conspirateur et les autres
criminels, parce que ceux-ci appartiennent aux dernières classes du peuple, qui ne sont sensibles qu'aux
châtimens matériels. D'abord ce n'est pas une raison
pour leur infliger la mort, car il est d'autres châtimens matériels. Mais, en second lieu, ces dernières
classes dont on parle se composent d'ouvriers laborieux, et, en vérité, l'on ne doit pas douter qu'elles
ne puissent s'élever au degré de moralité de la classe
des conspirateurs, notamment de ces sous-officiers et
de ces soldats qu'on voit figurer assez souvent dans
les complots, et qui ne sont pas d'une condition fort
relevée. Si les crimes politiques sont exemptés de la
mort, on peut donc en dispenser aussi les crimes
civils.

Au surplus, nous ne demandons pas qu'on passe
immédiatement de la peine capitale aux peines purement infamantes. Nous croyons qu'il ne faut des-

cendre que d'un seul degré au-dessous du dernier
supplice, parce qu'un degré plus bas ne satisferait
pas encore à la conscience publique et à la sûreté
générale ; mais aussi nous pensons que, si cette peine
inférieure d'un seul degré ne pouvait suffire autrefois
contre aucun des grands crimes, elle suffirait aujour-
d'hui contre tous.

CHAPITRE VIII.

Je termine en résumant les diverses observations que j'ai présentées. L'homme vit en société : indépendamment d'une partie de ses facultés physiques, indépendamment de ses penchans sociaux et de plusieurs lois de son intelligence qui, dans l'isolement, demeureraient sans objet, et qui, par leur existence, indiquent une prédestination de l'état social, on peut remarquer que jamais l'espèce humaine n'a été aperçue par l'observation hors de cet état; que la vie dite sauvage, si grossière qu'elle soit, est encore une société, et que, si quelques individus ont été trouvés vivant seuls dans les bois, c'est par une exception et un accident malheureux. Mais personne n'a observé la race humaine sortant des forêts pour écouter des vers, pas plus qu'on n'a vu se rassembler au son d'une lyre les abeilles autrefois dispersées. L'état social est donc pour l'homme l'état de nature. Cet état est fondé sur un penchant naturel et sur une obligation morale, celle de ne pas servir notre intérêt privé aux dépens de l'état social, quelque facilité que nous trouvions à le faire et quelque bénéfice que nous en puissions tirer. Cette obligation résulte pour nous d'une loi de notre intelligence, c'est-à-dire que.

par la constitution de notre esprit, nous sommes forcés de la concevoir, comme nous sommes forcés de
reconnaître telle ou telle couleur par la constitution
de nos yeux. Mais en même temps que nous concevons malgré nous l'obligation de respecter l'intérêt
social, nous concevons d'une manière également in-
évitable que quiconque viole cet intêret pour le sien
propre mérite de rencontrer malheur, et plus de malheur que les citoyens fidèles à la loi. Nous reconnaissons qu'il faut lui infliger ce mal, pour accomplir le
principe de mérite et de démérite ou de juste distri-
bution, et pour défendre aussi la communauté contre
de semblables attaques. La peine a donc un double
but également légitime et nécessaire : 1° châtiment
du méfait commis; 2° prévention des méfaits à venir.

Voilà tout ce qu'il y a d'invariable et d'universel
dans la pénalité, parce que voilà tous les principes
qui nous sont révélés en elle par l'invariable et universelle raison. Quant au degré de mal physique
qu'il faut infliger, c'est une proportion soumise à la
mobilité du monde physique. Il doit être approprié
à la condition du peuple. Dans un état de société où
la mort est fréquente pour les citoyens non coupables, comme dans les sociétés guerrières par nécessité,
qui défendent leur misérable existence sur leur propre
territoire, les grands crimes ne pourront être punis
que par la mort aggravée de torture. Lorsque le
trépas sera plus rare, mais que la vie ne vaudra
guère mieux que la mort, comme dans les sociétés
dont l'existence n'est plus menacée, mais qui, trou-

blées par des guerres extérieures, n'ont pu développer les travaux de la paix, la mort simple deviendra suffisante. Enfin, dans les temps où l'existence commune sera douce et tranquille, comme de nos jours, les peines non sanglantes accompliront suffisamment les deux principes qui fondent la pénalité. Aller au-delà serait punir plus qu'il ne faut, et risquer de pervertir les spectateurs du supplice, lorsqu'il faut les améliorer : ainsi l'acte serait injuste et nuisible.

On s'effraie des innovations ; on a peur de porter atteinte à la sûreté publique en détruisant un ordre qui règne depuis long-temps. Mais on ne prend pas garde que cet ordre lui-même a été une innovation. Où en serions-nous, si nos pères eussent partagé notre timidité? Nous lirions encore dans nos codes les cent trente-deux crimes capitaux de Louis XIV, ou même nous verrions sur nos places les lapidations d'Athènes, et au bord de nos rivières la roche Tarpéienne des Romains.

Les combinaisons matérielles variant sans cesse, le même acte ne sera pas toujours nuisible au même degré, et ne formera pas toujours le même châtiment si on le tourne contre le coupable, ni le même crime si on le tourne contre l'État. A mesure que les sociétés font de nouveaux progrès, elles se trouvent blessées par des actes qui semblaient innocens dans les sociétés barbares ou dans les sociétés peu développées. M. de Châteaubriand nous représente avec raison Chactas regardant les galériens comme les véritables honnêtes gens de la France, parce qu'ils étaient punis pour des actions qu'on faisait tous les jours sans crime dans les forêts des Natchez. Nous nous offensons aujourd'hui des calomnies et des médisances publiques, et la loi les punit : elle a long-temps négligé ces fautes.

S'il faut moins de mal pour faire une offense, il faut moins de mal pour faire un châtiment. J'ai indiqué comment les peines afflictives étaient toujours proportionnées au degré d'affliction que comportait la vie commune. Ce degré variant sans cesse, et diminuant de plus en plus, le législateur doit toujours être occupé d'approprier la peine à la condition générale, pour ne pas appliquer plus de mal qu'il n'est utile, et ne pas blesser la conscience publique. Gardons-nous de ces législations immobiles de l'antiquité qu'on jurait d'observer toujours. La loi malheureusement ne contient pas que de pures abstractions ; elle touche d'une part à la raison immuable, et de l'autre à la mobile humanité : on doit en conséquence modifier le côté humain de la loi. Il faut un législateur permanent, attentif à concilier les contradictions du texte et des faits ; un important avantage des gouvernemens modernes, c'est que la puissance législative soit à chaque instant remise en présence de la législation, et puisse retoucher son ouvrage.

Au surplus, il est une vérité qui doit faire notre consolation et notre espoir, c'est que l'humanité marche d'un mouvement spontané qui ne dépend point des règles écrites, et d'après lequel au contraire on finit par écrire les règles. Ainsi, dans les arts, l'humanité débute par chanter une Illiade, par composer une Electre, par modeler un Jupiter olympien, et plus tard on observe les routes qu'elle a suivies, et l'on écrit les lois des beaux-arts. Elles seront bonnes jusqu'à ce que l'homme prenne spontanément encore des voies nouvelles qui feront lois à leur tour. Il en est de même en morale : l'humanité voit et pratique le bien avant de l'inscrire dans les codes ; et l'usage, par suite, est rédigé en loi, jusqu'à ce que naisse un nouvel usage qui fasse écrire une loi nouvelle. En 1775, du temps où Bentham composait ses traités, tous les codes portaient encore des tortures pour aggraver la peine de mort, mais déjà l'homme ne les appliquait plus. Les lois prescrivaient la mort contre une multitude de crimes, et les hommes ne la prononçaient que pour les plus graves attentats. Au renouvellement de notre législation, ces pratiques ont été recueillies comme préceptes, et ont passé en force de loi. Bientôt la lettre s'est trouvée de nouveau trop sévère, et la pratique n'a plus été d'accord avec elle ; beaucoup de vols n'étaient point frappés des peines prescrites, et l'infanticide échappait à la mort, ordonnée encore par les textes. Le Code a plié une seconde fois, et en 1824 ces deux usages ont fait partie du contenu légal. Aujourd'hui l'action libre, active, progressive, du genre humain, tend de nouveau chez nous à s'échapper de la dernière formule de la loi. Voyez la perplexité du jury toutes les fois que sa décision doit emporter peine de mort : l'éloquence excitante du ministère public a grand' peine à conjurer la répugnance des jurés pour un châtiment qu'ils ne sentent plus nécessaire. Jamais, quelle que soit l'évidence d'un crime réputé capital par la loi, on n'obtient du jury une déclaration unanime.

Pressés entre le mal d'outre-passer la punition réclamée par la conscience publique et le mal de renvoyer le coupable absous, ce qui est également contre la justice, les jurés distribuent souvent leurs voix de manière à forcer la cour de décider elle-même la question, et ils se déchargent ainsi d'une responsabilité qui leur pèse. Plus nous avancerons, plus cette répugnance augmentera et pénétrera profondément le cœur du peuple. Si l'on ne parvient à faire effacer du texte légal les condamnations à mort, nous les verrons s'effacer d'abord de l'usage. On en viendra à commuer la peine pour tous les crimes, comme on le fait déjà pour le crime de fausse monnaie, puni de mort par la loi écrite, et des galères par la loi vivante; et enfin le code cédera.

Implorer la suppression des textes qui parlent encore de condamnations capitales, ce n'est donc pas demander qu'on fasse une révolution, mais qu'on suive un mouvement qui s'opère de lui-même, et qu'on facilite une amélioration, en supprimant une résistance. Car, si les clauses légales n'enchaînent pas le cours naturel des faits, on ne peut nier qu'elles ne le retardent et ne le gênent beaucoup, par l'autorité qui les entoure, et par la répugnance qu'on éprouve à les violer.

Mais, je le répète, si la loi ne précède pas l'usage, l'usage précédera la loi. Car ceux qui parlent aujourd'hui pour l'abolition de la peine de mort ne font pas violence à leur siècle ; ils sont poussés eux-mêmes par le mouvement des esprits ; ils cèdent à la force du sentiment général, qui, selon sa marche ordinaire, après avoir long-temps couvé dans les cœurs, et s'être confié à l'oreille, se manifeste d'abord par quelques voix, et éclatera enfin par toutes les bouches. Leurs discours sont comme ces premières gouttes de pluie qui ne causent pas l'orage, et ne font que l'annoncer.

FIN.

TABLE.

FIN DE LA TABLE.

9 782329 389172